U0571054

毕业就能创业

王丽卿/著

中华工商联合出版社

图书在版编目（CIP）数据

毕业就能创业 / 王丽卿著. -- 北京：中华工商联合出版社，2020.7

ISBN 978-7-5158-2757-5

Ⅰ.①毕… Ⅱ.①王… Ⅲ.①大学生－职业选择

Ⅳ.①G647.38

中国版本图书馆CIP数据核字（2020）第 107243 号

毕业就能创业

作　　者：王丽卿
出 品 人：李　梁
责任编辑：胡小英　马维佳
装帧设计：周　源
责任审读：李　征
责任印制：迈致红
出版发行：中华工商联合出版社有限责任公司
印　　刷：三河市燕春印务有限公司
版　　次：2020 年 5 月第 1 版
印　　次：2024 年 1 月第 2 次印刷
开　　本：710mm×1020mm　1/16
字　　数：200 千字
印　　张：15
书　　号：ISBN 978－7－5158－2757－5
定　　价：49.90 元

服务热线：010－58301130－0（前台）
销售热线：010－58302977（网店部）
　　　　　010－58302166（门店部）
　　　　　010－58302837（馆配部、新媒体部）
　　　　　010－58302813（团购部）
地址邮编：北京市西城区西环广场 A 座
　　　　　19－20 层，100044
http://www.chgslcbs.cn
投稿热线：010－58302907（总编室）
投稿邮箱：1621239583@qq.com

最重要的是把自己的事情做好

2019年5月，面对美国对华为一连串的打压，华为创始人任正非的一句"最重要的是把自己的事情做好"，给担心华为的人们吃了一颗定心丸。

华为的发展有目共睹，成功或许有很多原因，但我认为最重要的原因就是华为重视人才。他们不但花高薪聘请人才，还在2005年正式注册了华为大学，为华为员工及客户提供众多培训课程，包括新员工文化培训、上岗培训和针对客户的培训等，充分体现了华为对教育的重视程度。为此，任正非多次呼吁：如果不重视教育，我们会重返贫穷的。

那么，教育到底要给孩子们带来什么呢？

答案就是让孩子"把自己的事情做好"，也就是练好自己的内功。正是因为华为的员工练好了自己的内功，才让华为的技术脱颖而出；正是因为华为把自己的事情做好了，才成为业内翘楚。孩子们接受教育的本质就是，把自己的事情做好，练好内功。只有你内功练好了，你才能在职场"江湖"上

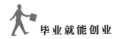

叱咤风云，所向披靡！

然而，为什么很多大学生毕业很难找到工作呢？为什么现在大学生犯罪事件时有发生？为什么有的大学生、中小学生会走上跳楼、割腕或服毒自杀的不归路呢？

我一直从事教育工作，做大学生就业工作20多年了，其中接触过很多企业招聘的实例，比如：

有些大企业的用人条件很"另类"，他们对研究生和大学本科生不屑一顾，反而对中专生颇为青睐，大专生次之。

在他们看来，一个研究生和一个中专生一起来面试企业的办公文员，尽管薪水都是一样的，他们往往比较愿意选择中专生。

出现这种情况的原因就是"责任"二字，用人单位在面试研究生和中专生后，发现中专生无论是在与人沟通方面，还是在对待工作方面，都要比研究生更负责，做得也更到位。所以，我觉得，教育的根本是"爱"与"责任"，"爱"不仅仅是要求父母爱子女，老师爱学生，更重要的是学生爱父母、爱老师、爱人民、爱社会、爱祖国；责任也绝不仅仅是让父母负起养育孩子的责任，让老师负起教育学生的责任，而是让学生负起自己的责任、民族的责任，而学生能够真正肩负起责任的基础，就是先把自己的事情做好，让自己成为最好的自己！

一个人来到世上，一切都是新的开始，除了遗传基因外，环境对一个人的影响是非常重要的。

"出淤泥而不染，濯清涟而不妖"，荷花从淤泥中生长，经过清水的洗涤，显得非常高洁而不妖媚，但不是荷花本身不会受沾染，而是它被人们看到的时候已经在水面上了，环境已经发生了巨大的变化。父母有知识有文化，其子女不一定就有知识有文化，其中最关键的因素就是教育和环境。

　　本书是一本"教"与"学"一体的书籍，书中介绍的训练方法、内容以及操作步骤，是从我多年一线工作的经验总结而来，希望能够对提升大学生素质起到一定的作用。同时也欢迎广大家长和学生提出建议，以进一步修改和完善。

目 录
Contents

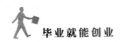

第一章

笑傲职场江湖，先练内功心法

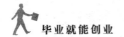

1. 新危机：有学历更要有能力

在一般人的认知里，学历高的人一定会有一份薪水高的好工作。事实并非如此，在竞争激烈的现代职场上，企业招聘的硬核条件是既要有学历，更要有能力。

几年前，有一位大学生找我谈心，她毕业于名校，在学校时品学兼优，几乎每年都拿奖学金，进入职场找的第一份工作很对她的专业，福利待遇也不错。就在她信心满满地准备一展身手时，却在试用期放弃了。

原来，她入职后，虽然工作很努力，但是工作能力一直无法提高，每个月的考核都达不到公司的标准。她很无奈地说："我感觉这个公司对我太苛刻，平时工作中，一会儿让我干这个，一会儿又让我干那个，怎么让人安心工作？我真担心在这种公司会埋没我的才华，就辞职了。"

我问她："跟你一起入职的员工和你的工作性质一样吗？"

她不屑地说："他们学历那么低，毕业学校我都没听说过，怎么能跟我比。我是专业人才，哪能和他们一样打杂呢？"

我耐心地向她解释："在学校学习跟在公司工作完全是两码事，工作等于是从头学起。既然公司安排你们做事情，领导都是有安排的。因为没有哪个公司愿意花钱招人去做无用的工作。所以，你要把领导分配的工作做到位。开始做不好，慢慢向老同事或是领导请教。"

她无奈地说："我想到自己在学校一直是佼佼者，做的都是大事。而在公司就一打杂的，心理不平衡，工作也没有动力，效率自然就低。有时完不成还要求助学历没有我高的同事，感觉很丢人。"

大学毕业生要对自己有清晰的认识，无论你在学校时学习成绩有多么好，进入一家公司，你就是公司的员工，你要做的就是不断提高自己，让自己把工作做得更好，用实力证明自己。所以，作为职场新人，一定要记住，学历高并不代表能力高。

由于学校的教育方式跟不上社会经济的发展，大学生的实践能力、动手能力和执行能力明显偏弱，这和企业与用人单位的要求存在一定的差距，作为大学生对此要有清醒的认识。否则，你面临的将是被企业淘汰的结局。

马云为何开除了95%的MBA

马云在刚拿到软银孙正义的投资时，他信心满满，对公司未来的蓝图进行了规划。在筹备新公司阶段，马云首先想到的就是要用高学历的人才来加盟。

那时候，阿里巴巴核心高管团队里，一共有12个人。除了马云，其他人全部是名校商学院的MBA。但是在随后的短短几年内，这些哈佛、斯坦福等知名院校的MBA陆续被马云辞退了。马云对他们的评价是：他们口才一流，执行力末流，讲起理念来头头是道，但在必须发挥价值的地方却卡住了。比如，企业应该加强管理的地方，这些MBA在实践时往往无从下手。

马云的经历，相信很多企业家都经历过。其实，企业对人才的要求注重学历和名校是正确的。纵观中外优秀的公司，大部分都任用了名校的人才，只不过他们还对人才都进行了培训，根据公司的需要来培养人才，让人才练

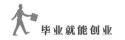

好内功，即工作能力。

无论公司是在初创阶段，还是发展阶段，公司都需要既有学历又有能力的人才来推动。而人才的能力，就是要具备真正的执行力，也就是说，真正将学院经典理论转化为执行力的人。

由此可见，马云的"开除"并非是刻意搞逆向思维，而是实事求是：如果养着做事做不来的MBA们，那么阿里巴巴早晚会倒闭。马云的做法是对当年国内重视学历、轻视能力的主流趋势的一种鞭挞。这些年来，国内形势明显变了，一些顶着众多名校桂冠的人，没有经验依然很难找到如意的工作。

马云所看重的"做事"，其实就是一种经验和理论互相推动下的执行能力，一般而言，这种能力一定是在实际工作中积累而来的。所以马云曾经说过，履历卖相再好的职业经理人，如果是一架飞机的引擎用在拖拉机上，最终还是跑不起来的。

金庸给马云题过一幅字："善用人才为大领袖要旨，此刘邦、刘备之所以创大业也。愿马云兄常勉之。"

阿里巴巴内部的企业氛围是，谁能够在自己的位置上做出成绩，谁就是人才，否则顶着再多的MBA、EMBA、博士、博导等等头衔都没用。

为什么用人单位感觉不少高端人才并不靠谱？

原因很简单，就是因为这些戴着各种桂冠的所谓的人才，实践经验较少，甚至也没有太多对口研究经验。国内的高校里面是笼统学习，而国外的商学院研究的是多年以前的案例，或者一些高精尖的超前理论，而非针对某个行业进行基础和扎实的系统化学习。

企业家是怎么培养出来的呢？几乎所有的西方经济学教授都说过，一是来自大量失败的实践，二是来自大量的对口跟踪研究。

除此之外，别无他法。前者说明，一个人要接受很多实践的失败打击，依然不倒下，依然可以屹立起来的，才能成为企业家。后者说明，一个人要沉浸一个行业很多年，做过大量的研究和对比，才会拥有比较犀利的市场眼光。

作为大学生的你，在步入职场前，要对此种情况有充分的思想准备。即便你有很高的学历，也不要以为你已经可以出师做老板了，其实你仅仅是新的人生刚刚开始而已。不要以为自己是名校毕业，学历又高，在应聘的时候，万万不可眼高手低，更不能一副高高在上的面孔，那样会使你丧失即将到手的工作，甚至连进入公司的机会都没有。

学历高为何依旧遭遇就业难

可能是自己多年从事大学生就业指导教学任务的原因吧，我平时非常关注大学生就业的问题。有一次，跟一位在某大公司人力资源部任职的朋友聊天时，我特意向他请教：对应届大学生有什么入职要求。

他最大的体会就是，现在我国的大学生和研究生太多了，但真正的人才却少之又少。

我问他："那么多优秀学子，难道不是人才吗？"

他无奈地说："我们公司招聘的职位是销售岗位，提成远远高于底薪。录取后有上岗培训。应聘的大学生中，多数在乎的是底薪，把提高业务能力搁置不提。所以，我每次面试时，会侧重了解对方的形象、专长、经验、性格、工作态度、沟通能力、解决和反应能力等硬件条件。对方是本科生还是研究生，我一般忽略不计，如果对方能达到我看重的硬件条件，哪怕学历低一点都没有关系的。"

我忍不住说："这跟你们公司招聘的岗位有关，我想一些文化公司还是欢迎研究生的。"

他笑着说："不管什么公司，欢迎的都是人才，有能力的人。据我工作多年的经历来看，有许多新入职场的大学生，心高气傲，眼高手低，吃不了苦，嘴皮子功夫厉害，理论一套套的，却没有实际行动。前段时间，我们部门还在开会讨论，在招聘时是否不考虑应届生和研究生。"

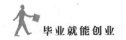

当高校研究生以年均20%多的增长速度扩招；当研究生找工作落入"高不成低不就"的尴尬境地；当"数百名研究生哄抢城管职位"登上报纸头版头条时，学历越高就业前景越好的说法正在被鲜活的事实所推翻。

◆ **研究生考试VS就业市场**

一面是热火朝天的研究生考试，一面是竞争激烈的研究生就业市场。据《中国大学生最佳雇主调查报告》数据显示，近七成研究生的"考研初衷"是从众心态与回避当年就业压力的交集。当下，高等院校毕业人数创历史新高，再加上博士生、海归派的多方狙击，大学生以及"90后"研究生就业更是难上加难。

◆ **就业难VS选才难**

就业不吃香，在大学毕业生"就业难"的同时，用人单位也普遍存在着"选才难"。任何企业的发展都离不开优秀的大学生，但是，他们每年基本上不要应届大学生，热门专业人才显得尤为过剩。

企业一边离不开大学生，一边又拒绝应届大学生。企业为何会出现这种局面，下面我们来分析一下原因：

原因还出在大学生身上。社会供需矛盾是客观存在的，但大学生自身的素质和心理问题也是不可忽视的原因。大学生就业存在哪些问题呢？

一般来说，包括以下几点：

（1）角色转换不够及时

我们都知道，大学阶段的生活与社会生活存在一定的差距。正所谓，理想很丰满，现实很骨感。这就要求大学生在学生生活结束，踏上岗位之前，能够迅速完成自我角色转换。摒弃一些不切实际的想法，本着"活到老、学到老"的心态走上工作岗位，最好把进入职场当作进入又一座高等学府。

大学生唯有做好就业心理准备，才能够迅速完成自我角色转换，为就业打下基础。

（2）自我认识不够准确

就业前如何选择职业，需要大学生根据自身个性特征来决定。因为一个人的气质和性格往往对选择职业和事业有很大影响，所以，对自己有全面充分的了解，是每一个求职者进行职场定位的依据与前提。有很多大学生在面临巨大的就业压力时，很少能真正做到全面了解自己，这就导致了大学生就业的主要问题。

全面了解自己，主要是明白自己的优势和劣势在哪里，这样你在工作中遇到困难时，才不会动不动就放弃，而是知道如何顺利地完成工作。

（3）缺乏就业培训、实践机会

很多企业的招聘要求中普遍有"数年工作经验"这一条，不少企业拒绝承担大学生就业后的"在岗培训"费用。事实上，一个理工科毕业的大学生，需要毕业后在工作岗位上继续学习一段时间，才能成为一个合格的工程师。如果把"在岗培训"转移到学校里面去完成的话，在时间和金钱上都是非常不划算的。

针对这个问题，大学生就要珍惜公司给自己的试用期，在试用期阶段，要多向老员工请教，凡事主动一些，勤问多学习，让自己辛苦一点。同时，大学生在大学期间，可以利用假期多打工，不要求薪水多少，只求得到实践的机会，为自己将来找工作换取经验。

（4）学生缺乏求职技巧

部分学生在求职时往往表现得不够自信、过分紧张，回答问题时支支吾吾，表现不出自己的实力。更有一些求职者面试时弄虚作假，企图蒙混过关，谁知很快就被有经验的用人单位拆穿，不得不再次承受面试失败的惨痛结果。这样久而久之，用人单位也会觉得大学生不诚信而丧失信心。

有一个朋友对我说，他在应聘第一份工作时，把自己在校期间兼职取得的成就具体到了数字。比如，他在学校时为某公司做的一个设计，在他反复修改后为公司争来了一个订单，他特意把订单的金额写在了简历上。这样会让企业对你产生一种信任感。

（5）心理素质不够强

许多大学生求职落败的一个关键因素就是心理素质不强，对求职过程中

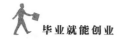

遇到的困难缺乏灵活的应对之策，对求职过程中产生的压力缺乏承受力。一般来说，影响大学生就业的消极心理状态有如下三种：一是"妄自菲薄"心理；二是"盲目自大"心理；三是"随大流从众"心理。大学生一旦受到挫折，就很容易产生诸如焦虑、急躁、迷茫、恐慌和无助等等心理问题。这些心理问题对于大学生的身心健康和顺利就业极为不利。

我在跟大学生聊天时，经常对他们说，不光是你们初涉职场会碰壁，即便是那些工作了好多年的职业经理人，也会遇到困难。他们或许找工作会顺利一些，但在工作中遇到的压力，并不比你们找工作时的压力小，甚至会更大。所以，你们一定要心理强大，相信任何事情都有解决的方法。

良好的心态、求职的技巧这些都是在日常的学习生活中逐渐形成的，而大学生就业创业习惯养成式培训，可以通过一定的游戏和方法达到矫正不良心态、提高自身应聘技巧和素质的目的。大学生要充分利用好一切学习和培训的机会，全面提升自己。

没能力就业更没能力创业

不知道从什么时候开始，社会上流行这样一种说法，叫"毕业就失业"。很多大学生毕业后因为担心碰壁，就不愿意找工作，而是一门心思想创业。几个朋友或是同窗一聚会、一聊天，你要说你在什么公司或是企业打工，人家就觉得你没上进心。没个"XX创始人""CXO""XX公司合伙人"的头衔，你都不好意思说自己是名牌大学出身的。

从大学生自己的角度判断有一个特别简单的标准：马上大四下半学期就要开学了，你手头有没有拿着名校和名企的聘书？如果有，并且很多，你可以尝试去创业，搞一个好点子或是好创意，再去融资。如果没有，我建议你还是踏踏实实地去找工作，尤其是那些不仅没有聘书，面试还屡屡被拒的人，还是不要想自己创业能一夜暴富这种美事儿了。毕竟，无论是创业还是找高薪的工作，都需要实力和能力。

大学毕业后，毕晓军和许多大学毕业生一样，为了找到合适的工作，他跑过招聘会，托过朋友，最终找到一份还算满意的工作。但他工作了没多久觉得创业更适合自己，于是，不管亲戚朋友的劝阻，工作不到三个月就辞职创业，他想趁着年轻好好地追自己的梦。

他和几位要好的同学筹资10万元，创办了属于自己的公司——晓军快递公司。信心十足的毕晓军先后招聘了30多名员工，全部为在校大学生。公司初期订单少，需要跑市场。由于经营公司和上学完全是两回事，不到一个月时间，10万元的资金减去房租和员工工资及各项花销，所剩无几，此时订单还没有几个。毕晓军顶着压力，拖着疲惫的身体跑银行，但是没贷来款，原因很简单，刚毕业的他，没有可以担保的资产。

公司没有订单、没有前景，工资又发得不及时，自然留不住人。毕晓军勉强支撑到第二个月就撑不下去了。在第三个月时宣布破产。

事后他谈到这段创业经历时说道："压力太大了，天天晚上失眠，吃不下饭，有好几次，都有从楼上跳下去的冲动。"

毕晓军创业失败从表面上看是资金问题，但真实原因却是他之前根本没有或没有认真做过市场调研，去哪里寻找客户，或许他们自己都不清楚，这样势必会让公司业务被动。而且，创业和工作一样，需要毅力，需要脚踏实地一步一步走下来，需要顶住压力去解决困难。

由此可见，要想创业成功，除了实力和能力，你还必须拥有创业需要的心理素质、沟通能力、创新精神、市场意识、超负荷工作能力等等，如图1-1所示。所以，即便你想创业，也要先把自己的心理素质和技能水平提上去。

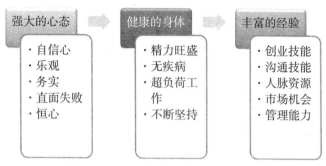

图1-1 创业需要的三个基本素质

其实，创业和求职，基本能力是相似的，一是心态是不是强大，二是身体条件允不允许，三是实践能力如何，如果你在这三个方面，都存在明显的严重不足，那就要好好筹划该如何提升自己。

道理再简单不过了，连你自己都推销不出去，你还想推销出去什么？可怕的是，越来越多的大学生抱着这种"怀才不遇"的念头。创业是一件特别锻炼人的事情，创业者最重要的能力是执行力和学习能力，但是这也不意味着你能绕过"新手引导直接打BOSS"。

技术岗位在腾讯面试不过，你就能开发出比微信好的客户端了？营销岗位在美团面试不过，你就能推销的比美团好了？

如果你没有资金、没有技能、没有人脉，甚至没有基本的工作经验，好好工作才是明智的选择。如果你还坚持要创业，那么最好做好心理准备。你既然连工作都找不到，那么你的创业注定也不会一帆风顺。

2. 就业创业需练好哪些内功

曾经有很多大学生找我谈心，问我创业或是就业，需要练好哪些内功？我在分析了很多大学生就业、创业成功的案例后得出：大学生的内功，就是态度。

中外雇主的择才理念

美国雇主选择大学毕业生所考虑的因素主要包括：态度、以前的工作经历、现任雇主的推荐、前任雇主的推荐、行业的专业技能证书、上学年限、面试时的分数、学校学习成绩、求职人学校的声望和教师的推荐等。

当然，基本的计算机技能，合作技能以及性格因素如勤奋、守时、负责、值得信赖等，也是必须具备的。同时，自我导向的快速学习能力、处理抽象概念的能力及轻易解决广泛范围问题的能力，也不可忽视。

随着社会经济的发展，国内用人单位的择才理念也越来越趋近外国。在《任正非正传》这本书里，一向视人才为宝的任正非在短时间就辞退了一个北大毕业生：

华为的一个新入职的员工，北大毕业。这个员工刚到华为时，就对公司

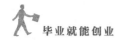

的经营战略问题，洋洋洒洒写了一封"万言书"给任正非，原本以为自己独到的见地能够打动领导，结果任正非批复："此人如果有精神病，建议送医院治疗，如果没病，建议辞退。"

职场如江湖，唯有武功高强的人，方能立足于此。一个刚入职的新员工，任你再有能力，在你还不熟悉公司的情况时，妄想用一封"万言书"来引起老板的重视，得到领导给予的额外机会，可谓是有点不自量力。

优秀的公司需要建议、意见，但是一定要建立在了解公司的基础上，否则，你的建议和意见只会误导领导的决策。所以，有远见的企业领导人，用人的第一个标准就是要脚踏实地，勇于实践。华为在任用人才方面注重以下几个方面：

◆ 不拘一格招人才

华为一直强调领导队伍的使命感与责任感，在华为看来，一个卓越的人才，必须具备战略洞察能力、决断力，心怀梦想、勇于挑战、敢于担责，这是华为对优秀主管的要求，而这些特质，已经成为华为独一无二的招人标准。

◆ 烧不死的鸟是凤凰

华为坚信，从泥坑中爬起来的是圣人。这一点从任正非本人的传奇经历就可以看出来。华为对人才的要求也是要经得住苦难、挫折和磨砺，只有从逆境中走出来，才能修炼其强大的心理素质。为此，华为经常号召员工开展批评和自我批评，实现"凤凰涅槃"，无论战绩是胜是败，员工都要进行反思与总结，为下次的成功做准备。

◆ 胜则举杯相庆，败则拼死相救

华为强调的是一种集体主义精神和密切的合作精神，大家要保持荣辱与共的心态，一方有难八方支援，这一点增强了企业部门内部以及彼此之间的协同作战能力，同时让大家在互相帮助中懂得感恩和感激，共同进步。

华为正是基于以上的招人理念，才使得今天的华为成为全球优秀的公司。

　　《2015年大学生求职与就业状况的调查报告》中显示，大学生就业时最应具备的基本素质中，沟通能力和专业技能依然最受求职者关注，其次是适应能力、学习能力；相反，道德修养、组织能力、独立能力、协作能力、进取心、刻苦精神与工作热情等，这些被用人单位与社会所看重的基本素质，却被求职大学生相对忽略。这一结果与2014年的结果基本一致，见图1-2。

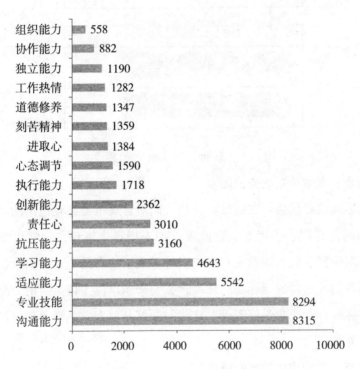

图1-2　大学生就业最应该具备的素质①

　　中外雇主的择才标准告诉我们，企业在选择大学毕业生时，他们不仅看重你的专业素质，也看重你的非专业素质，而且对某些非专业的能力更加看重。

---

① 《2015年中国大学生就业压力调查报告（全文）》，http://edu.qq.com/a/20150529/032180.htm

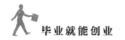

影响大学毕业生就业的因素

根据各项调查研究和中外雇主的择才标准可以看出，影响大学毕业生就业的因素集中体现在以下几个方面，如图1–3所示：

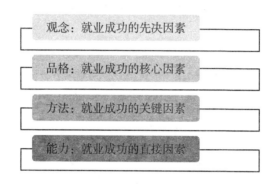

图1–3　影响大学生就业的因素

◆ 观念：就业成功的先决因素

观念是人们对社会存在的反映，是人们对客观事物比较稳定的看法，主要指人们的世界观、人生观、价值观，如果把观念体现在大学生就业过程中，则表现为择业观、职业观和工作观等。几乎所有的企业在招聘面试时都会向应聘者问及这样的问题："你为什么要来本单位工作""请介绍一下你自己""你有什么业余爱好"等，这些问题就是对大学生择业观、自我观、生活观的考查。

◆ 品格：就业成功的核心因素

品格是做人的准则和范式，主要包括行为品格、情态品格、心理品格、意志品格。品格的核心是道德，道德的核心是诚信，中外用人单位几乎无一例外地把道德和诚信作为选择人才的核心标准。他们认为，一个人的工作能力通过努力可以提升，但一个人的品格却无法改变。但由于各方面条件的制约，大学生参加社会实践的机会并不太多，而企业又特别重视实践经验，于是一些学生就编造社会实践经历，以蒙混过关，殊不知经验丰富的考官一考核，应聘者便会露出马脚来。

◆ **方法：就业成功的关键因素**

现代企业用人单位高度重视对方法的考查，主要是对大学生思维方法和实践方法的考查。比如，有些用人单位对应聘者进行思维能力测试，就是对思维方法和认识方法的测试；有些用人单位设置一些问题情景，请应聘者回答解决问题的办法，就是对应聘者分析问题、解决问题方法的测试，也是对实践方法的测试；一些外企习惯从现实生活中选取问题，考查学生的综合思维能力。在信息社会，知识和技能很容易过时，而方法却可以长期发挥作用。这就需要大学生在平时生活中多多留心观察，才能得出经验。

◆ **能力：就业成功的直接因素**

能力是影响大学生成功就业最基本、最直接的因素。除了专业能力之外，中外用人单位提出了明确的非专业能力要求，主要体现在以下几个方面，如图1-4所示：

图1-4 影响大学生就业的非专业能力

（1）表达能力

大学生普遍的性格内向、不善于表达，这就导致了大学生就业困难，也成为就业难的主要原因之一。表达被誉为"敲开企业大门的第一块砖"：初次见面，你向用人单位负责人递上一份简历，表现的是文字表达能力；与用人单位负责人开口说第一句话，就是口头表达能力的展示。表达能力在实际工作中非常重要，如果不善于表达，必定会影响人际关系，影响自己其他能力的发挥。

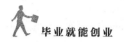

（2）人际交往能力

在日常生活和工作中，人们发现，有些人在学校里成绩并不好，可他们在社会上却干得不错，重要的原因就是这些"差生"有善于社交的特质。因为他们社交能力强，交往的人多，往往得到的机会更多，有助于更快地打开工作局面。在现代社会，可以说没有任何一项工作能在孤立状态下完成，不会交往就不能更好地完成工作。对一个集体或团队来说，良好的人际关系意味着团结、和谐、力量和事业的发展，这正是用人单位重视大学生人际交往能力的原因。

（3）组织管理能力

组织管理能力是指带领团队完成某件综合性工作的能力，包括策划、组织、协调、指挥、沟通、控制等多方面。大学生中相当一部分将走上管理岗位，即便未走上管理岗位，他们也需要很好地融入到某一个团队中。

（4）适应能力

经济全球化和科技的迅猛发展，使现代社会呈现加速度发展的趋势，生活节奏加快，环境变化加剧，每个人相对固守一个地区、一个单位、一个专业的概率大大减少，因此，大学生只有善于从旧的环境中解脱出来，调整自己的生活方式、行为方式和思维方式，适应新环境的要求，才能获得更充分的生存与发展条件。

（5）实践能力

实践能力是指大学生在工作中解决实际问题的能力，主要包括应用能力和动手能力。中外用人单位无一例外地重视人才的实践能力，不仅包括解决专业问题的能力，也包括解决相邻、相关非专业问题的能力。实践能力可以说是大学生就业能力中的核心。

除上面提到的这五点外，影响大学生就业的非专业能力还有很多，比如学习能力、应变能力、观察能力以及分析能力等，特别是学习能力，已经成为现代用人单位考查的一个重点因素。有很多优秀的企业家，公司已经做得很成功了，但他们仍然坚持不懈地学习，从而做到了与时俱进。所以，中外雇主的择才标准清楚地表明，在大学生就业过程中，专业能力与非专业能力同等重要，不可偏废。

从负债600万到身价70亿的逆袭

每当一年夏季来临时，就有数百万大学生走出校门，踏入职场，准备迎接崭新的人生。在社会丰富就业模式的影响下，越来越多的大学生选择自己创业，开启他们带领团队走向未来的生活新模式，但有多少人在行动之前会考虑自己是否真正适合创业呢？

实际上，没有人天生就会创业，创业不但需要激情，还需要坚持，同时还要有一颗强大的心。

小黄车ofo虽然已谢幕，但它的出现极大地方便了人们的出行生活，它给都市人群的出行提供了一种新的模式。令人想不到的是，小黄车的创始人戴威，是大学毕业没多久的"90后"大学生。此次创业，让他从负债600万一跃成为身价70亿的创业大咖。

1991年出生的戴威，于2009年考入北京大学。从小到大，他和大多数有梦想的年轻人一样，希望将来能够凭借自己的能力实现梦想。

2013年，刚毕业的戴威做了一年的支教老师，于2014年在北大攻读硕士。此时，高校内刮起了大学生创业风潮，踌躇满志的戴威跃跃欲试。当时，他的第一个创业想法就是ofo骑游。戴威是行动派，很快他就和4名合伙人投资创立了ofo共享单车，同时，提出了"以共享经济+智能硬件，解决最后一公里出行问题"的理念，就这样，国内第一家以共享单车形式运营校园业务的互联网科技公司诞生了。

然而，戴威的创业经历可谓是困难重重。他最初的规划是让热爱骑行的人有车骑，可是，他很快就发现这个市场太小了，公司运行不久就倒闭了。留给戴威的是公司账面上的400块钱和创业失败欠下的100万债款，但他没有因此而气馁，他坚信自己的创业点子是可以成功的。重新分析市场后，他转变了创业思维，提出"共享"的理念后重新开业。2015年9月，ofo共享单车正式上线。

上线第一天，ofo平台上就接到200多单，面对这样的成绩，戴威惊喜之余感到自己为人们做了一件有意义的事情，他信心满满。当年10月，ofo需要扩大规模时，融资的压力再次让戴威陷入窘境。他只得从老股东手里借了500万。如此一来，他的公司背负着将近600万的债务。

令戴威欣慰的是，公司的业务每天都在增加，到2016年1月，戴威拿到金沙江创投A轮投资1000万元，终于缓解了压力。

从2016年2月份开始，共享单车的发展速度堪称一日千里。

戴维从负债到成功的经历告诉我们，创业不仅仅是一腔热血，还需要具备强大的抗压能力和百折不挠、吃苦耐劳的精神，同时，还要经历常人无法承受的磨难。

创业是极具挑战性的社会活动，是对创业者自身智慧、能力、气魄、胆识的全方位考验。一个人要想作为创业者并获得成功，必须具备以下这些素质，如图1-5所示：

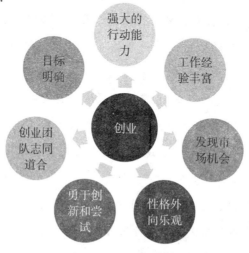

图1-5　创业需要的基本素质

（1）目标明确

戴威是一个对自己未来有明确目标的人，即使他在创业出现危机时迷茫过，但他没有放弃，而是根据自己的情况，重新规划了公司的发展方向。所以，想要加入创业大军，明确自己未来努力的方向很重要。最好能结合自身兴趣爱好和所学专业，尽量选择投入少、风险低且需求广的领域或项目，这样能降低失败的风险。

（2）强大的行动能力

为了确定自己的目标，戴威决定在社会寻找答案，而且他自己也明白自己的最大兴趣点在于商业。行动力就是一个人的执行力，也就是说，想要创业，你必须有强大的执行力，想到了什么，就要马上去做，发现了什么问题，就要马上纠正过来。

（3）工作经验丰富

戴威的兴趣是骑行，他在大学期间就有了创业的念头，并且多次尝试。从这点来看，创业不仅需要理论指导，更要经验支持。而且创业的路上，需要丰富的实践经验，否则就没有办法应对创业过程中出现的资金、管理、人事等方面的问题。

（4）发现市场机会

戴威通过敏锐的观察和尝试，摸索出一些商业潜在的规律。比如他提出了"以共享经济+智能硬件，解决最后一公里出行问题"的理念。然而，商场如战场，要想在创业过程中少走弯路，就需要看准投资的时机。能够让有限的资源在市场红火时，抢先占有广阔的发展空间，对于刚刚创业的起步者来讲尤为重要。

（5）性格外向乐观

戴威喜欢和人打交道，经过努力让自己与客户双方都受益，他很享受这种感觉。他性格非常乐观，对于存在的困难，既有充分预估，又能积极地寻找解决方法。

（6）勇于创新和尝试

戴威最初创业时，他的第一个创业想法就是ofo骑游，这个创业点子在他

心中酝酿了很久。当时这个项目在市场上几乎是空白的。开始创业时没有市场，没有太多成功的例子，但戴威不惧失败，一步一步地计划并行动。

（7）创业团队志同道合

戴威和他的团队成员志同道合，虽然刚开始结构简单，但会根据个人的情况来进行详细的分工。当公司慢慢开始壮大时，团队成员也仍然很团结，向着同一个目标努力，而且秉持创新理念。

比尔·盖茨对年轻人的忠告

1968年，两个小男孩利用一本指导手册，开始学习BASIC编程。他们学校拥有一台PDP-10计算机，为支付使用计算机的费用，仅仅数周内，这两个小男孩就把这笔预算花光了。为了继续使用计算机，他们与计算机中心公司（CCC）签订了一份协议。协议规定，他们向该公司报告PDP-10存在的软件漏洞，作为回报，该公司则向他们两人提供免费上机时间。

1971年，其中的一个小男孩通过自学学会了编程，并开始编写程序，其中包括一款课表安排软件。

1972年，这个小男孩卖掉了他的第一个电脑编程作品——一个时间表格系统，买主是他的高中学校，价格是4200美元。

1973年，这个小男孩中学毕业后考入哈佛大学，他在美国大学入学考试（SAT）标准化测试中得分1590，仅差10分满分。在哈佛上学期间，他为第一台微型计算机MITS Altair开发了BASIC编程语言的一个版本。

1975年2月1日，他在学习之余夜以继日地工作，和他的同学一起编写出可在Altair 8800上运行的程序，以3000美元的价格出售给MITS，版税收入高达18万美元。

21岁那年，他和同学注册了"微软"商标。

1977年1月，他从哈佛大学辍学后回到美国新墨西哥州阿尔伯克基市。在这里，他找到了一份为罗伯茨编写程序的工作，工资标准是每小时10美元。

MITS总部位于阿尔伯克基，他也把微软总部设在此地。

这个"不误正业"的大学生就是当今的世界首富比尔·盖茨。

自从比尔·盖茨创业成功后，许多大学生以此为榜样来激励自己创业。但大家忽视了一点，比尔·盖茨确实是退学创业的，但是他退学的原因是因为太优秀，更为重要的是，他一直在学习之余创业，可以说在他退学之前，他已经掌握了太多创业的成功经验，并且学习成绩优秀。他退学更大的原因是他不仅把所学的知识活学活用，而且还得出了新的理念，这些新的理念，早已经超出了学校的教学范围。在这种情况下，他在学校继续学业，是在浪费时间。所以，比尔·盖茨堪称是创业天才，非一般人能比的。

不可否认，大学生创业有许多成功的案例，但实际上，大学生创业更多的是失败，是苦涩。

比尔·盖茨一直是当今大学生的榜样，特别是那些正在大学就读的学生，每当他们急于放下学业，跃跃欲试想创业而遇阻时，他们常常搬出比尔·盖茨。在许多人眼里，只要有创意有资金，实现创业梦想就近在眼前。

大学时代是一个人学习各种基本技能，培养健康稳定的文化心态的黄金时期，可以利用课余时间参加实践，体验社会，但还是应以学业为重。向比尔·盖茨看齐，看的更应该是开创精神，而不是草率盲从。

比尔·盖茨曾接受央视记者采访，在提到当年退学创业时，他说："我鼓励人们还是要完成学业，除非有一些非常紧迫的，或者是不容错过的事情。完成所有的学业会好得多。"比尔·盖茨不可能像他的电脑软件一样可以复制，让我们记住比尔·盖茨的忠告。

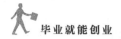

3. 大学生养成式素质训练

　　对于大学生来说，养成好习惯会让你受益终生。在这里，我向各位读者提供一套完整的养成式素质训练体系。这套素质训练体系融合了西点军校、思维导图、教练技术、赏识教育、感恩励志等方面的最新研究成果，集培、训、练、用于一体，全力倡导培训四度空间：力度、深度、广度和实用度，把大学生训练体验化、情景化、系统化，并与行为习惯有效地结合在一起。

大学生素质水平提升训练的模式

　　公式如下：

　　◆ 55%活动体验+20%分享空间+20%导师总结+ 5%音乐视频=开心的"玩"+高效的学

　　众所周知，一个人好习惯的养成是二十一天。在对学员进行训练时，也需要进行二十一天习惯养成式素质训练，让学员在课内课外都养成优秀习惯。通过周期二十一天的习惯养成式训练，使学员养成一系列优秀的行为习惯，并且经过后期的不断强化指导，对学员的行为习惯做进一步的完善和巩固。

　　在这二十一天当中，老师除了传授学员知识外，还要侧重指导学员利用这些知识来解决实际问题。二十一天习惯养成式训练严格按习惯形成的规律来设计每天的训练内容，尽量让训练的每项内容经过长期的实践和论证验证，以达到环环相扣、循序渐进的效果。

（1）在课内重视学员的学习习惯培养教育

对学员学习习惯的培养，要重视每一个细节，这些细节小到上课的一个坐姿，大到学习某类固定课程的学习方法，我们都要贯穿于每一堂课的教学之中。上课时，如果有学员开小差，任课老师会有意识地采取适当方法予以引导；有学员做小动作，老师会边讲课边走到该学员身边，直至其专心听讲。学员听课过程当中，我们最注重培养的是学生专心听课的习惯，专心与否，我们用举手率来衡量。一堂课下来，根据学员举手次数多少来判断其上课听讲专心的程度。有了指标，学员自然就有了积极性，有了积极性，上课专心听讲的习惯就不难培养了。

（2）重视培养学员认真做作业的习惯

对有错题的作业要求重做这当然是必要的措施，也是对每位学生的普遍要求。对一些脑子灵但好动，做作业只图速度，不求质量，常常出现这样或那样"低级"错误的同学，老师要针对不同对象采取不同措施，以求最佳效果。

（3）注重课外行为习惯的养成教育

常言道："无以规矩，不成方圆。"举止不文明、不规范即属于没有规矩。如何让学员的行为文明规范呢？主渠道在课外，多示范、多指导，另外多开展一些活动。老师少坐办公室，提倡课间或其他课外时间，多指导和参与学员活动。

习惯养成式教育需要分阶段、抓重点地一步步培养。即在某个阶段主要解决什么不良行为或形成什么良好习惯，都要有侧重。阶段性的潜伏期，视养成其习惯难易程度而定。容易纠正的不良行为，或能很快养成的良好习惯，如：熟人见面互相问好，潜伏期短些；一些较难改正，顽固性的坏行为，或短时间较难形成的良好习惯，如：一些本性的行为，潜伏期一般要长

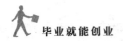

一些。其目的都是实现学员良好习惯的养成。

大学生素质水平提升训练的内容

大学生习惯养成式素质训练的课程设置为二十一天（每天2个小时左右），每天一项训练内容，总共21项训练内容，这21项训练内容环环相扣，相辅相成，缺一不可，具体内容列举如图1-6所示：

欲望改变	竞争速度	沟通社交
爱心感恩	团队合作	团队荣誉
信心潜能	性格魅力	领导艺术
目标意义	目标设定	目标实现
时间管理	心态训练	细节训练
思维创新	集体生日	责任执行
公众承诺	生存训练	结营仪式

图1-6 21项训练内容

根据行为心理学研究表明：二十一天的重复可以形成习惯，九十天的重复可以形成稳定的习惯。经过二十一天的习惯养成式素质训练，一般大学生都能够养成良好的生活习惯和学习习惯。

【训练目的】

大学生习惯养成式素质训练课程以养成行为习惯、学习习惯、思维习惯、生活习惯等为主要目的。通过科学合理的体验式、情景模拟式训练模式，让每位学员熟练掌握每天的训练项目，深刻理解每天训练项目的真正目的与深刻内涵，做到融会贯通，并能解释和理解每项训练之间的联系。

【训练要求】

①熟练掌握每天的训练内容；

②深刻理解每天训练内容的目标；

③随机应变、发散思维、熟能生巧；

④身体力行、努力践行；

⑤ 坚持不懈，直到成功。

【训练原则】

① 坚持执行，承担责任；

② 认真感悟，仔细品味；

③ 发挥想象，进行联系。

【训练流程】

大学生习惯养成式素质训练，按照训练流程及内容安排，每天的训练主要包括以下六个阶段，如图1-7所示：

第一个阶段：有氧训练	第二个阶段：自我激励
第三个阶段：情景模拟	第四个阶段：分组讨论
第五个阶段：学员感悟	第六个阶段：总结结束

图1-7　训练的六个阶段

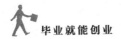

4. 大学生每日训练的六个项目

大学生每日训练的六个项目包括有氧训练、自我激励、情景模拟、分组讨论、学员感悟、总结结束。它们组成了大学生素质提升训练的主要内容，为了方便大家学习，下面对每一个项目进行实操介绍。

第一个训练项目：有氧训练

进行有氧训练主要是为了提高大学生的身体素质，锻炼团队的协调性，增强集体配合意识；同时让有氧训练成为大学生日常生活中的一种习惯，养成昂首挺胸，眼神充满自信的个人素质以及走路大步流星的好习惯。

有氧训练是大学生习惯养成式素质训练每天必训项目，主要包括两个内容：一是慢跑（一般为800米），二是快走（一般为400米）。当各带队教官或营长，将队伍整理完毕，报告完人数后，就开始有氧训练。具体操作详解如图1-8所示：

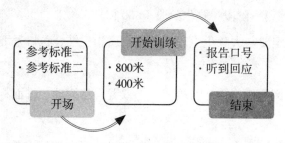

图1-8 有氧训练的操作步骤

（1）开场

·参考标准一

开场白：各位亲爱的同学，早上好！（学员回答："好"，强调连续三声"好"，声音最好是一次比一次更洪亮）欢迎大家进入大学生习惯养成式素质训练营开始第一天的训练（以第一天为例）。今天是一个新的开始，希望同学们都能以积极的心态和良好的精神面貌来迎接第一天的挑战，给自己一个最好的开始。

在这里训练，同学们必须明白四句话：第一句话，是；第二句话，不；第三句话，我错了；第四句话，没有任何借口。

下面开始有氧训练，全体立正，在有氧训练的过程中要求同学们做到令行禁止、抬头挺胸、目视前方、排面标齐。

注意：第一天的训练的开场白与其他训练的开场白不一样。

·参考标准二

开场白：各位亲爱的同学，早上好！（学员回答："好"强调连续三声"好"，并且要一次比一次声音更洪亮）欢迎大家进入第二天的训练（挑战），希望大家在今天的训练中能够比昨天进步1%。

下面开始有氧训练，全体立正，在有氧训练的过程中要求同学们做到令行禁止、抬头挺胸、目视前方、排面标齐。

（2）开始训练

在前10天的训练中，要由教官或营长单独带队，进行有氧训练，后11天，由连长、排长或学员带队训练，灵活把握。

·有氧训练第一阶段：跑步阶段（800米）

① 口号一定要与大学生生理及心理素质相互结合，口号要铿锵有力，具有感染力。

② 时刻强调抬头挺胸、目视前方、双臂自然摆动、排面标齐、口号洪亮等元素。

③ 第2～7天，在有氧训练中要不断变换队形和口号，激起学员的训练兴趣。例如：双手搭肩跑步，全体同时喊口号，喊四字激励成语（例如：坚持到底、我要成功、我要超越等）。

·有氧训练第二阶段：快走阶段（400米）

① 要求学员走路的速度比平时快25%。美国匹兹堡大学的研究人员发现，行走速度快的人要比行走慢的人更长寿。人们经常以步伐蹒跚或依旧健步如飞来形容一个人的身体身体状态。

② 重复强调学员要"快"，抬头挺胸，目视前方，面带自信微笑，双臂自然摆动。这样要求目的在于让学员在拥有健康身躯的同时，感悟时间、效率的重要性，意在养成珍惜时间的好习惯。

注意：随时关注学员的状态，以防有安全事故发生（特别是前三天的训练）。

（3）结束

训练结束后，要把队伍带到指定位置，调整好队伍，让学生向教官报告后，才能进行下一步的训练。

报告口号："报告教官/营长有氧训练项目结束，请指示"。

听到回应："收到，入列""原地待命""继续训练"。

第二个训练项目：自我激励

对大学生进行的第二个训练是自我激励。自我激励是大学生习惯养成式训练每天必须进行的项目之一，自我激励旨在开发大学生潜意识的力量，将行为和语言不断地重复，最后达到植入潜意识的目的。

研究发现，一个没有受过激励的人，仅能发挥其能力的20%～30%，而当他受到激励时，其能力的发挥会达到80%～90%。所以，即便是良好的个性，因为缺乏前进的动力，也很难实现创富的目标。

通过自我鞭策保持对学习、工作和生活的高度热忱，这是取得成功的动力；通过自我约束来克制冲动和延迟满足，这是获得任何成功的保证。

自我激励有这样几个步骤：

① 你要在心里确定你希望拥有的具体财富数额，这样会带给你更积极的心理暗示。

② 结合实际确定你要付出多少劳动和代价才可以换取到你希望拥有的财富，告诉自己，在这个世界上没有不劳而获的事情。

③规定一个固定日期，一定要在这个日期之前把你计划的目标财富赚到手，没有时间表，你的船永远不会"泊岸"。

④拟定一个实现你理想的可行性计划，并马上行动起来，你要习惯"行动"，不能够单纯"空想"。

⑤将以上四点清楚地写下，不可以单靠记忆，一定要落实于白纸黑字。

⑥每天两次，大声朗读你写下的计划内容。一次在晚上就寝前，另一次在早上起床后。当你朗读的时候，你必须在脑中看到、感觉到并深信你可以拥有这些财富！

这六个步骤看似简单，但是，越是简单的事情，越不容易做好。特别是对一些没有接受过心理训练的人来说更难。所以，把以上六个步骤做好，就是你迈向成功的第一步。

自我激励在训练营中可以按图1-9的顺序来操作：

图1-9 自我激励的顺序

（1）调节气氛

先进行整队、口令发号，再调节气氛。

调节气氛口号：

第一句，问：感觉怎么样？答：好。

第二句，问：感觉怎么样？答：非常好。

第三句，问：感觉怎么样？答：棒极了，耶！

（2）明确动作

动作要求：预备动作，右手五指分开，放于左胸上。左手持激励资料，激励资料的上边沿与眼睛处在同一水平线上，激励资料与地面保持垂直，身体保持立正姿势。

（3）开始激励

自我激励可以分为常规性自我激励与非常规性自我激励。常规性自我激励是指自我激励一、二、三。非常规性自我激励是指除自我激励一、二、三之外的所有激励。

·常规性自我激励（自我激励资料见附录）：

教官：自我激励一，没有任何借口，（停顿）起。

（"报国爱家有我"一句要将右手由掌变成握拳，用力向下方砸下。）

教官：自我激励二，我渴望成功，（停顿）起。

（"我奔向美好前程"一句将右手伸出举向右上方，指尖指向天空，面部充满自信和微笑）

教官：自我激励三，光明的太阳，（停顿）起。

（"我要成功，我很优秀，我最坚强"一句和"报国爱家有我"的动作相同，要求声音一次比一次洪亮）

注意：不断强调学员要用最大声音，要用心去感悟，用真诚去面对，每个动作都要做到位。

·非常规性自我激励：

教官：我是自然界最伟大的奇迹，（停顿）起。

动作要求：左手持激励资料，激励资料的上边沿与眼睛处在同一水平线上，激励资料与地面保持垂直，身体保持立正姿势。右手成握拳姿势背于身后，双脚成跨立姿势。

声音要求：要求声音洪亮，整齐有序，语速适中，用心感悟。

（4）激励结束

所有动作要求都做完之后，教官采取一定示意，激励项目结束。

第三个训练项目：情景模拟

情景模拟训练，结合每天的训练项目，都有不同的情景模拟项目，具体安排根据当天训练的内容进行随机调整。（具体训练内容请看章节中的详细讲解）

注意：在情景模拟中要时刻关注学员的动态，防止安全事故。

第四个训练项目：分组讨论

分组讨论的目的是对情景模拟训练的延续，为保证情景模拟训练的有效性，每次情景模拟训练结束后，都必须组织分组讨论，最后选代表发表感言。（具体训练内容请看章节中的详细讲解）

第五个训练项目：学员感悟

学员感悟的发表是每天必须进行的重要项目之一，通过训练重点培养学员的说话能力、演讲口才并提升学员自信，要结合训练内容进行合理引导。（具体训练内容请看章节中的详细讲解）

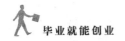

第六个训练项目：总结结束

总结训练是每天训练的重中之重，是对当天训练成果的升华。通过总结训练对当天的训练项目进行总结与回顾，并组织学员温习，同时针对训练项目安排学员作业。

一般来说，结束训练的口号如表1-1所示：

表1-1　结束训练的口号

第一句，教官："坚持到底"		学员："永不放弃"	
第二句，教官："坚持到底"		学员："永不放弃"	
第三句，教官："坚持到底"		学员："永不放弃，直到成功，耶！"	

结束训练的口号后，最后是用祝福语来强调，诸如：

"祝愿天下最美好的事情都发生在大家身上。"

各连（排、班）以自己的方式结束训练。

注意：要求各团队有自己的队名、口号、手势等。

以上六个步骤组成了大学生素质提升训练的主要内容，在这个过程中，一些大学生不自信、沟通力不好、团队协调力不良等毛病都可以被发现，并得到比较好的矫正。尤其是自我激励的环节，这是提升一个人自信心的非常有效而强大的方式。当学会了之后，就可以在生活中加以练习，久而久之，强大的内心就塑造成功了。

第二章

就业态度要好，创业心态要坚

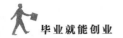

1. 心态不良毁了第一个工作

美国成功学家拿破仑·希尔在关于心态的重大作用演讲时讲过这样一段话："人与人之间只有很小的差异，但是这种很小的差异却造成了巨大的差异！很小的差异就是所具备的心态是积极的还是消极的，巨大的差异就是成功和失败。"作为应届大学生，在找工作时要端正自己的心态，以积极主动的态度去对待工作和机会，对待第一份工作的态度要做到认真负责、积极主动、全力以赴！

"小态度"引发"大状况"

为什么企业不愿意用应届大学毕业生？企业对你进行面试并决定录用大约需要一个月时间，而后你还要经历三个月的试用期，这前后四个月的时间，你可能会暴露自己的诸多问题和短板，但态度方面的"小毛病"最可能引发"大状况"。

苏扬是一名"95后"的本科大学生。他在学校的学习成绩一直不错，在求学期间，也做过跟专业相关的兼职。毕业后，苏扬在找工作时信心满满。可是，令苏扬倍受打击的是，快两个月了，苏扬还没有找到理想的工作。

为此，苏扬特意找我求助，问我怎么样才能找到好工作。我就让他把这两个月找工作的情况简要地给我说一说。

苏扬如实说道："说实话，接到我简历的公司，大部分都让我去面试了，面试也通过了。可是，让我无可奈何的是，我看中的单位，人家却看不中我；单位看中我的，我却看不中人家。毕业都两个月了，我还未与一家单位签约。"

眼看着其他同学的工作都尘埃落定了，苏扬心急如焚。现在的他每天处在焦虑、自我怀疑、担心、无法进行自我决断的状态，内心感到彷徨无助，让我帮他分析一下，如何才能面试到理想的工作。

我认真分析了一下苏扬求职不顺的原因，主要有以下两点：

◆ 缺乏面试技巧

苏扬有学习能力，又做过兼职，也算是有经验，但因为他没有应聘大公司的面试技巧，让他与心仪的工作失之交臂。所以，我建议苏扬多看一些介绍应聘、面试技巧的书，同时告诉他，一定要相信自己，相信自己能胜任喜欢的公司的工作。有时候一个人的自信不但能给自己带来勇气，还能感染到周围的人。苏扬之所以能够让"他看不中的单位看中他"，就是因为他在这样的单位面试时，觉得自己的能力强，这种自信使得他在面试官面前拥有强大的气场。而对于他心仪的公司，他可能在心理上就觉得气馁了，所以在面试中表现不佳。

◆ 缺乏良好的就业心理准备

苏扬作为从学校向职场过渡的职场新人，在心态上需要有一个调整，这种心态就是要抱着工作是为了学习经验的心态。不要好高骛远、眼高手低，这样只会导致求职失败。对工作要怀有空杯心态，这样他找的工作才能够与他目前的实力相匹配。

当下，大学生在求职过程中普遍存在着几个问题，不只影响了就业，还影响了大学生的心理健康。初次就业的大学生都存在哪些心理问题呢？我觉

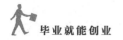

得有五点，如图2-1：

图2-1 初次就业大学生普遍的心理问题

（1）过度焦虑与急躁

在求职过程中存在一定焦虑是正常的。但一些大学生的焦虑过了头，成天都充满了各种不必要的担心，造成精神上的紧张不宁、忧心忡忡、烦躁不安、意志消沉，行为上反应迟钝、手忙脚乱、无所适从。还有一些大学生在求职时显得过于急躁，整个求职期情绪始终处于亢奋状态，常常心急如焚、四面出击、东奔西跑，希望尽快找到合适的工作，但又缺乏对就业形势的冷静观察以及对自我求职的理性思考，做了许多吃力不讨好的事。

（2）消极等待与怀才不遇

与求职时的急躁心理相反的是一些大学生在就业问题上表现得非常消极，平时也不参加招聘会，有单位来了就看看，如果不满意就等下去，满意时也不主动争取。还有些人这山望着那山高，不肯轻易低就，明明已经找到工作，但拖着不肯签约，总希望有更好的单位出现。另外一些大学生自恃条件很好，抱怨自己运气不好，成天闷闷不乐，怨天尤人。

（3）攀比与嫉妒

一些同学在求职中经常相互吹嘘自己的职业待遇好、收入高，导致职业期望越来越高，求职变成了自我炫耀。还有些同学看见或听说别人找到了条件优越、效益较好的单位，心理上就不平衡。一些毕业生对别人所找的工作心存嫉妒，特别是看到自认为条件不如自己的人也能找到很好的工作，就更容易出现嫉妒心理，于是有些人故意对别人的工作冷嘲热讽、贬低和挖苦，意图打击他人。

（4）抑郁与逆反

在择业中受到挫折后，一些毕业生会感到无能为力、失去信心，表现为失落抑郁、不思进取、情绪低落、意志消沉，他们常常会放弃积极的求职努力，听天由命。严重时还会对外界的环境也漠然置之，减少人际交往，对一切都无所谓，甚至进而导致抑郁症。而另外一部分毕业生，则对正面的职业教育、职业信息存在逆反心理。比如当别人为其推荐某工作单位时，总是抱有戒心，别人讲得越多他越不相信。当求职失败时，不总结自己的问题，甚至明明知道自己失败的原因也不改正，在以后的求职中依然我行我素，听不进任何批评与建议。

（5）说谎侥幸与懒散

有些同学认为用人单位不可能去查实每个人的自荐书是否真实，而且在面试时时间比较短，不可能对自己做全面的考察和了解，只要自己当时充分地表现一下，把工作骗到手，签好协议书就行了。于是，一些毕业生把别人的获奖证书、成果证明等偷梁换柱地复印在自己的自荐书里，而且自己明明没有当什么干部，也没有参加什么社会实践活动，也照着别人的写上，甚至胡编乱造一番，以至有时在用人单位收到的自荐书中一个班竟出现了五六个班长。

"90后"的大学生创新意识不断增强，价值观多元，找工作已不仅仅局限在待遇高、工作轻松等简单标准，这对于鼓励更多人自主创业，形成多元就业观具有积极意义。然而与此同时，却也表现出缺乏职业梦想、职业定位不清等普遍问题，在选择工作时普遍感到迷茫。还是以上一节中的苏扬为例，他可以怎么做呢？

我向他提了下面两点建议，如图2-2所示：

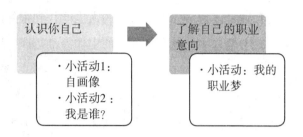

图2-2　大学生进行就业心理准备的步骤

◆ **认识你自己**

小活动1：自画像

在一张白纸上画出你自己，可以是真实的你，也可以用象征的手法画某种东西代表你，还可以用任何图形、线条代表你。虽然你不是一个画家，但是相信你能用手中的笔画出你自己。

分析与思考：描述一下你的自画像，你看到了一个怎样的自己？ 在自画像里，你看到自己平时不曾意识到的特点或问题了吗？那是什么？ 与周围的同学相互交流一下自画像，别人从你的自画像中看到了什么？你对此怎么看？

小活动2：我是谁？

请在一张白纸上，以"我是一个……的人"的句式写出20条最能反映自己特点的自我评价，在较短的时间内，凭直觉写出来。

分析与思考：在这20条中，反映你优点的是几条？反映你缺点的是几条？你的优缺点的比例大约是…… 如果有机会，请同学和父母帮你写出"同学眼中的我""父母眼中的我"， 对比一下自我评价与他人的评价有什么不同？

提示：以上两个小活动从感性和理性两个方面能帮你审视自己。如果认真做了，你会看到一个真实的自我。了解了自己的优缺点，在今后的学习和生活中扬长避短，能有针对性地发展自己，为未来的职业生涯做准备。

◆ **了解自己的职业意向**

小活动：我的职业梦

根据你目前的专业、学业等自身发展情况，结合社会现实，你认为自己最想选择的职业是什么？在白纸上写下你的1~3个职业梦想……

分析与思考：写出确定每一个职业梦想的5种理由，以10分为最高分，评估每一个"理由"对自己的价值和意义。根据得分情况进行分析，看自己内心倾向于哪一种职业，为什么？要想实现这个梦想，自己的优势在哪里？还需要在哪些方面做出努力？把它一一列在纸上。对你需要努力的每个方面做出具体的、毕业前的规划。

提示：职业意向是一个人从事某个职业的心理准备和行为趋向。从现实出发考察自己的职业意向，能够提醒自己对未来的发展作出合理的规划，明确近期的目标和达成目标的途径，看到自己的优势与不足，为实现自己的职业梦想脚踏实地地努力！如果有条件的话，还可以做一个有关职业与性格的心理测试，看看你的性格特点是否支持你从事那梦寐以求的职业。

求职过程如何进行心理调适

提到自我调适，就是指个体运用心理学的原理和方法，促使自己的心理和行为获得积极改变的过程。自我调适能够帮助大学生在遇到挫折和冲突时，能够客观地分析自我与现实，有效地排除心理障碍，从而使自己保持一种稳定而积极的心态，达到如愿择业的目的。

杨虹是一个毕业半年的大学生，她性格温柔内向，不爱说话，特别是在人多的场合，一说话就怯场。

有一次，杨虹到一家公司面试。为了让自己不怯场，她花费了三天时间，从着装到讲话都做了充足的准备。她甚至把需要跟面试官说的话字斟句酌地写在纸上，每天早上对着镜子练习。望着镜子中侃侃而谈、对答如流的自己，杨虹别提多高兴了。

可是，真到了面试那天，一见到面试官，杨虹的心就紧张地跳个不停，一时之间，什么问好语、自我介绍等等，事先练好的开场白都忘得一干二

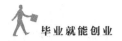

净，取而代之的是思维停滞，说话结结巴巴、磕磕绊绊，平时练习演讲稿时机灵聪慧的女孩不见了。

这让很多面试她的公司面试官非常不解，他们对杨虹说："看你的简历，写得很棒，跟你本人的差距太大了。"

就这样，杨虹一次次遭受着求职失败的打击。都毕业半年了，她仍然处于待业状态。

多次的失败，杨虹对自己也放弃了。常言说：人挪活，树挪死。她打算换一个城市找工作，在订好票的前一天，她接到一个以前面试公司的电话，对方在电话里问她，为什么简历写得好，面试时就不太理想？

杨虹心想，反正自己在这个公司面试没有成功，就把对方当成朋友吧。于是，她不再紧张，两人先是在电话里聊工作和生活，后来发现聊得太投机了，就互加了微信，在微信上继续聊。聊着聊着，对方突然说："你明天来公司吧，我觉得你非常适合你上周面试的职位。"

就这样，杨虹退了票，怀着试试的心态去公司上班。她去后才知道，给她打话的面试官，正是她的部门主管。在主管的鼓励下，杨虹的工作做得非常出色。

杨虹的例子告诉我们，面试，必须怀着轻松的心态。哪怕是你心仪的公司，如果你不过分看重这次应聘，保持平常心，有放松的心态，一句话：抱着"必败"之心去面试，压力消解，轻松过关。所以，大学生在面试时，要做好心理调适，如图2-3所示：

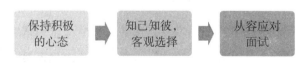

图2-3　进行心理调适的几个关键

◆ **保持积极的心态**

积极心态来自于积极理念。持消极理念的推销员是从"不可能""办不到"的角度看世界。持积极理念的推销员则从不可能中看到可能的种子，从失败中看到成功的希望，在困境中看到光明的前途。

◆ 知己知彼，客观选择

对将要应聘的职业及招聘单位做初步的调查了解，将自己的职业期望与当前的就业形势结合起来，选择适当的目标，思考后回答：选择这份工作的客观理由是什么？

如果得到这份工作，我最满意的是什么？最不满意的是什么？孰轻孰重？如果放弃这份工作，我最遗憾的是什么？最欣慰的是什么？孰轻孰重？

◆ 从容应对面试

留下良好的第一印象，面试能不能成功，也许在你踏进大门后的最初3秒钟就被决定了。面试首先考核的就是应聘者的外在气质，应聘者的衣着、发型、体态，以及与面试人员打招呼、接送文件的举止，这些不经意间完成的动作，正是公司对他们外在气质的考察过程。

求职时，我们最好是顺其自然地展示真实、自然、不卑不亢的自我状态。在面试时，留意自己下意识的小动作，尽量以自信的形象示人。

人生是一个不断发展变化的过程，也是个人对环境不断适应的过程。如果个人能够主动自觉地改变自己，使个人与环境相协调，就可以渡过难关顺利进入下一个新的人生阶段。相反，如果个人不能调适自己以符合环境的要求，或不能克服环境的某些限制，就会无法通过难关。

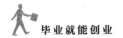

2. 大学生就业的三个良好心态

当下，由于就业形势日益严峻，导致许多大学生对就业问题产生了恐惧心理，他们担心找工作遭拒。这种心理极大地影响了大学生们顺利就业。所以，大学生要想让自己在职场上一帆风顺，首先就得调整好自己的心态，乐观对待找工作这个事情，被拒绝后分析原因，改进自己；找到工作后，就牢牢抓住机会，兢兢业业工作。

那么，大学生在就业方面应该怎样调节自己的心态呢？

诚信立业，获得他人的信任

俗话说，人无信不立。以诚待人，以信取人，是做人的基本原则。陶行知先生曾说过："宁为真白丁，不作假秀才"；季布一诺胜过千金，商鞅变法立木求信，君子一言驷马难追……类似的故事和典故不胜枚举。

在十八世纪，英国有一位有钱的绅士，一天他外出办事，可在家附件就被一个蓬头垢面、衣衫褴褛的小男孩拦住了。小男孩请求他买一包火柴，但是绅士没有零钱，不方便购买。男孩就央求道："先生，我知道您是有名的A公司老板，请您买一包吧，我今天还什么东西也没有吃呢。"

绅士只好说："我没有零钱。"

"先生，你先拿上火柴，我去给你换零钱。"男孩说完，拿着绅士给的一英镑快步离开了，但绅士等了很久，男孩也没有回来，绅士觉得被骗了，就回家了。

第二天，绅士正在家中休息，仆人说来了一个男孩要求面见绅士。男孩进来后，自我介绍："先生，对不起，我哥哥让我给您把零钱送来了。"

"你的哥哥呢？"绅士问。"我的哥哥在换完零钱返回的路上被马车撞成重伤了，在家躺着呢。"小男孩回答。

绅士让小男孩带他回家去看望他哥哥。一见绅士，男孩连忙说："对不起，我没有给您按时把零钱送回去，失信了！"

绅士被男孩的诚信深深打动了。当他了解到两个男孩的父母都双亡时，便决定把他们生活所需要的一切都承担起来。

诚实守信的品德是立身之本、做人之道，孔子曰："人而无信，不知其可也。"培根也说过："没有一种罪恶比虚伪和背义更可耻了！"在生活中，正是因为有"诚信"的存在，才使我们更愿意相信别人。

苏鹏在国内某500强企业工作三年了，他工作能力不错，但不知道为何，同事们都不爱跟他交流，这让他感到很孤独。

在工作中，苏鹏的业绩本来可以更好，但因为同事不怎么配合，让他的工作难以达到理想的状态，这让苏鹏非常苦恼。夜深人静时，他开始反省。

苏鹏性格随和谦虚，背后也不爱议论同事，又没有不良嗜好，他苦思不得其解。思前想后，他壮着胆子向上司请教。经过上司微妙的点拨，他豁然开朗。

原来，苏鹏是个工作狂，在日常工作中，他忙起来就没了头绪，加之他工作中的琐事情繁多，他一着急，就容易让自己在小事上令同事不快。

有一次，他借同事的饭卡到公司食堂吃饭，结果他却忘了还。有时，他

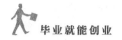

让同事帮忙充话费，也经常忘记还……

时间长了，同事都觉得他言而无信，都不想再跟他交往了。

"无诚则有失，无信则招祸"。那些践踏诚信的人也许能得利于一时，但终将作茧自缚，自食其果；那些制假售假者，或专事欺蒙诈骗者，则往往在得手一两次后，便会陷入绝境，导致人财两空，有些甚至锒铛入狱。在现代经济社会，即使一个企业拥有雄厚的资本实力和现代化的机器设备，有誉满全球的品牌优势，建立了很好的采购和销售网络，并且有一支高素质的员工队伍和高学历的管理者队伍，但如果它在财务报表、商品、服务上做假，欺骗客户和投资者，丢掉了信用资本，就没有银行愿意给他贷款，企业的股票、债券和商品就没有人买。合作者和客户没有了，所有物力资本和人力资本就失去了它的意义，企业必然会陷入困境，并最终在市场中消失。

诚信确确实实是做人、立业之本。我们每个人都有义务从自身做起，恪守诚信，让诚信成为我们为人处事的准则；只有这样，我们的生活才能绚丽多彩，我们的社会才能不断进步。

诚信是人的一张脸，写着你的品德和操行。时下有些企业就是缺少这一弥足珍贵的品质才大伤元气的。人在职场没有了诚信，或者你的诚信受到怀疑，那么你将难以融入这个社会和企业，难以在社会上立足。小胜靠智，大胜靠德，说的就是这个道理。

换位思考，理解同事和上司

有些职场新人，由于不能正确认识自己，总以为自己比上司强。因此，他总觉得上司监督他，是上司怕他超过自己，因而把这种工作方法问题上升到个人品质问题。

大学毕业工作不满三个月，刘钟就打算辞职了。辞职原因就是领导故意刁难他，比如，明知他手上有工作，却让他又干其他急活，而且做不好了，还要挨领导批评。最令刘钟气愤的是，领导批评他的话很尖刻，一点情面也不给。他觉得领导就是看不惯自己，无论做多好，都会挨批评。

刘钟辞职后，又跳到另一家公司，不到一个月，他又干不下去了。这家领导倒还可以，就是工作太累，公司制度太严，每天在公司除了一个小时的午饭时间，其余都在工作，稍微偷点懒，就会被主管叫去单独谈话。刘钟感到没有一点自由。

刘钟的这种工作状态是有问题的。因为不管你在什么公司，作为职场新人，肯定有顶头上司在领导你，有一套制度在监督你的工作。同时，公司不是慈善机构，是需要员工为公司创造价值，公司才能给你支付薪水，你到公司后，自然就不能像在学校或是在家时那么自由自在了。顶头上司作为基层管理人员，他有监督你的职责。

作为部门基层管理人员，他们的基本工作主要有两项，一是领导本部门员工完成本部门的工作任务，二是培养新人。每个公司都需要持续发展，要发展，就要补充新鲜血液，所以，作为基层管理人员，他们都有责任在部门内培养新人。培养新人，自然而然地要指导和监督下属的工作。因此，他们在工作中对下属进行监督，并不是他们个人的好恶，而是一种组织行为。

当然，也有的领导不懂得管理方法，管得比较严格，会让一些职场新人不习惯。对于这一点，你必须接受现实。人的能力有大小，工作方式有差异，这一点你不能强求；反过来说，你的上司不太注意自己的工作方式方法，有时工作方式难免简单一点，语言过火一点，但他的本意也是恨铁不成钢，所以，作为职场新人，你必须忍耐。

俗话说，世界什么样子，取决于你怎样看世界。你看不惯领导，在很大程度上出在你自己身上。你老觉得上司跟你过不去，你有没有反省自己身上有什么坏习惯？在学校，父母管不着，使你多少养成自由散漫和不喜欢别人管束的习气。尽管你毕业了，进入了职场，但你并没有意识到自己人生角色的转变，让这种自由散漫的习气发挥惯性作用，所以，它使你对上司的监督

不舒服。如果你不能及时调整心态，使它们膨胀为一种抵触情绪，那是非常危险的，因为你的上司是你职场成长道路上的第一关，甚至决定你一生的命运。

人吃五谷杂粮，必有七情六欲，你的领导身上有这样或那样的毛病是正常的。人非圣贤，孰能无过。因此，作为职场新人，你首先是要客观看待自己的领导，一定要将他的性格和工作职责区别对待。对于白领来说，如果不习惯领导的工作作风而跟领导对着干，那是一种拿鸡蛋碰石头的愚蠢行为。

抗逆情商，于逆境中奋进成功

古往今来，在逆境中奋进成功的比比皆是。像司马迁，由于李陵一案身受宫刑，蒙受大辱，但他终于顶过磨难，发愤写作出了传世巨著——《史记》。再如现代的华人张士柏，他经历了从游泳健将到高位截瘫的巨大改变，却并未因此一蹶不振，反而将它化为动力，勤奋学习，取得了许多健康人都难以达成的成就。

人在职场常常会面临很多挫折和逆境，至于如何面对，就看我们的抗逆情商和心态如何了。

杨悦大学毕业后进入一家500强企业，该企业无论是福利待遇，还是成长环境，都是非常有吸引力的。为此，杨悦的同学很羡慕他。

令人遗憾的是，杨悦入职不到半个月，他就干不下去了。他无法忍受工作中压抑的气氛。比如，每天早上八点半刷脸进去后，就投入到紧张的工作中。在工作过程中，同事之间各忙各的，工作节奏十分紧张。

更令杨悦难以承受的是，每天的工作量巨大，并且当天的工作要当天完成，下班前10分钟若不按时完成，就会遭到部门主管的训斥，轻则像小孩一样被教训，重则被罚，一个月被罚三次，扣除奖励，被罚四次，记过一次，被罚五次，就有辞退的风险。

杨悦耿耿于怀的是，部门主管分配任务根本不和员工商量，都是强制性的，而且时间要求都很急迫，导致初入职场的杨悦一天忙忙碌碌，虽然把自己搞得很累，效果却不如意，也正因为此，他屡次被部门主管训斥。

最开始一周，杨悦还偷偷加班，时间长了，他发现加班也不能完成，就有点想放弃了。可是想到同学们对他的羡慕，他又担心离开这个公司再找不到更好的，就默默地忍受着。

忍到两个月的试用期结束时，杨悦发现自己不能再忍了，因为他此时产生了消极悲观的情绪，甚至有活着没劲的无聊想法。在这种状态下，他的工作更糟糕了，不久，杨悦上交了辞职报告。

初入职场，有类似于杨悦这样职场遭遇的大学生有很多，这也是当前大学生失业的一个普遍现象。其实，这和一个人的情商和心智有着直接的因果关系。

现代社会人们都知道情商在工作中的重要性，没有良好的情商，你的智商很可能没有发挥的余地和平台。抗逆能力是人在职场的立足之本，也是优质情商必备的基本素质之一。在职场的道路上，从来没有平坦的大道可走。在困难与压力面前，有的人选择逃避，有的人选择应战。你的前途取决于面对困难与压力时你所做的选择。

同样面临逆境，有的人跨了过去，功成名就。而有的人却陷了进去，被淘汰出局，究其原因，就在于他缺少应对逆境、解决现实难题的能力。换言之，他的逆境商数AQ比较低。

逆商AQ（Adversity Quotient），是指人们面对逆境时的反应方式，也就是将不利局面转化为有利条件的能力。如果逆境无法避免，危局不可挽回，那么面对现实就是唯一正确的选择。初陷逆境，人的脑海里会出现一连串的恼怒，也会产生惊慌，这都是正常的情绪反应。但是，AQ低的人容易陷入其中不能自拔，反复抱怨，愤愤不平，却忘记去寻求解决办法。而AQ高的人则会很快冷静下来，审时度势，理智分析和判断，从逆境中走出。这就是应对逆境的能力。逆商之所以为人推崇，是因为它体现了一种积极的价值取向。

抗逆情商并非先天带来，任何人都可以通过学习来提高自己的AQ。按照AQ的发明人保罗·斯托茨博士的观点，应对逆境的能力可分解为四个关系因素：控制、归属、延伸和忍耐。控制就是认清自己改变局面的能力；归属是指承担后果的能力；延伸是对问题严重程度及对工作、生活影响的评估；忍耐是指意识到问题可能会长久存在，需要坚持一段时间。

人在职场，我们只有对自己充满自信，积极面对新环境和新事物，并且还要有相信自己一定行的强烈愿望和信心。遇到挫折，要从乐观正面的角度看问题。悲观的人看到人生早晚一死，感觉没劲，乐观的人看到热火朝天的美好生活。在企业中我们应该从紧凑的工作中看到企业规范、高效的一面，看到企业高效运作下未来的发展前景，应该庆幸没有去一个机构臃肿、办事拖踏的企业。有了这样的积极想法，就会引导我们积极面对企业的规章制度和工作流程，也就能快速适应企业的文化。

除此之外，我们应该在工作中，锻炼自己坚强的意志，不为小的挫折而沮丧，态度积极不消极，更不能脆弱。没有良好的抗逆能力，你在职场上是没有发展的。任何地方都不会有一个完全理想化的顺风顺水的职场环境，所以说适应最重要。

"天将降大任于是人也，必先苦其心志，劳其筋骨，饿其体肤，空乏其身，行拂乱其所为，所以动心忍性，曾益其所不能。"不经过风浪，就不能达到胜利的彼岸；不经历风雨，就不能看到彩虹；不经受磨难，难成大事。所以，如果你初入职场身处逆境，一定要拿出勇气迎接困难的挑战；不要气馁，要勇敢地克服困难。正如人说："苦难是所学校。"而学得好坏要看自己。

3. 激发成功欲望的素质训练

理念和目的

大学生习惯养成式素质训练的第一天训练内容为欲望改变。训练本身就是一个新的选择，新的改变，万事开头难，所以第一天的训练尤为重要，关系着能否调动学员的积极性和激发学员的兴趣。

【理念支持】

① 意愿是成功的重要因素。

② 授人以鱼不如授人以渔，授人以渔不如授人以欲。

③ 改变是痛苦的，但改变可以让一个人获得新生与成功。

【训练目的】

① 激发大学生追求成功的强烈欲望。

② 激发大学生改变自我、成就自我的欲望。

③ 让大学生深刻明白，要想改变世界首先要改变自我。今天的选择就是改变自我的开始，改变世界的基础，为了改变应该不惜一切代价，勇于承受痛苦。

我们应该保留这样一种心态：多改变自我，少埋怨环境；选择积极的角色进入生活。人生目标之中，很多看似是不可能的，但是不可能也是有机会

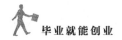

的。真正的成功是一种超越自我的成功，人也仅仅就是为了"自我"这个目标始终在不断努力。

鹰的故事

自我突破的过程是痛苦的，自我反省的习惯是人生最宝贵的财富。同样的思维、习惯和付出，只会得到和昨天一样的结果；想改变尴尬的局面，想成就自己的梦想，必须经历蜕变，必须比昨天付出更多的代价！

有个流传很久的故事。

老鹰作为世界上寿命最长的鸟类，具有70岁的生命。它能活这么长时间，源于它在40岁时的痛苦蜕变。

老鹰从40岁时就进入老年，这时它的爪子开始老化，不能准确地抓住猎物。它的喙变得又长又弯，几乎碰到胸膛。它的翅膀变得沉重不堪，飞翔起来很吃力。

在这种情况下，老鹰要么选择等死，要么经历痛苦的蜕变。蜕变的过程极其漫长，约有150天。这时已经飞不起来的它要努力飞到山顶，在悬崖上筑巢，停留在那里后，先用它的喙击打岩石，直到其完全脱落，再耐心地等待新的喙长出来。

等新的喙长出来后，忍着痛把指甲一根一根拔出来；新指甲长出来后，再用新指甲把羽毛一根一根地拔掉。大概五个月后，它的新羽毛才能长出来。

老鹰经过痛苦的蜕变后才能够重获30年的新生，在这新生的30年中，它像以前一样能够在天空中飞翔，能够快速地抓到猎物。

这个故事给我们的启迪如下：

（1）万物的生命周期中，有时候必须做出困难的决定，只有经历过痛苦的挣扎，才能开始一个又一个更新的过程。

（2）一个人要想成长，就必须把不良的习惯和保守固执、不求改进的观念彻底抛弃，可能要放弃一些过往支持我们成功而今天已成为我们前进障碍的东西，使我们可以重新飞翔。

（3）蜕变是痛苦的，但却是为了让自己成长，为了让自己更好地生存，我们必须要经历这场历练！这就如同鹰的蜕变一样，重新开启我们新的生命周期。

华为是怎么炼成的

我们不要寄希望于社会适应我们各自的发展要求，我们要做的是接受社会发展趋势，改变自己的看法和做法。当自己改变了，眼中的世界也自然改变了，从这个意义上说，引领我们走向成功的，从来都不是别人，而是我们自己。

纵观华为的蜕变之路，可以说就是一个不断改变自己、强大自己的过程。

早在几年前，华为成为全球的电信运营商后，已经就数字化转型的势在必行达成了共识。虽然他们对于将要抵达的目的地无比笃定，但却面临着一个巨大的挑战，那就是他们目前还没有现成的路可走。市场上，口号喊得响亮的电信运营商数字化转型企业并没有实际行动。

在这种形式下，电信运营商的数字化转型之路需要勇敢的探索者和先行者。华为不仅在积极帮助运营商打造出这样的"英雄"，同时也让自己走在数字化转型的最前列。自主创造，成长自己，壮大自己，一直是华为的经营理念。他们深知，在运营商数字化转型的道路上，需要勇敢的探索者和先行者，华为首当其冲扮演了这一角色。

当时华为高级副总裁、梁华向《人民邮电》报记者坦言："数字化转型，先在华为内部应用数字化转型的方法和概念，做到自己生产的降落伞自

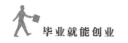

己先跳。”

众所周知，对于电信运营商而言，数字化转型能否成功与未来的“钱袋子”大小休戚相关。在实施数字化转型的路上，既需要勇于探索，又离不开谨慎行事，同时也需要一个值得信赖的同路人。几年后，华为从自我转型、产业携手、深度合作等方面发力，才有了今天的辉煌。

华为的今天，给我们的启迪如下：

（1）要想改变别人，首先改变自己，改变世界不如改变自己。记得比尔·盖茨曾说过，你不要妄想去改变世界，也不要妄想去改变他人，那不是你能够轻易做到的，最好、最直接的办法就是改变自己。

（2）改变别人最好的方法是改变自己，只有改变自己才能改变世界。只要自己变了，一切都会随之而改变。一个人的性格和一项制度的形成，往往具有稳固性，当我们改变不了别人时，我们不妨学会改变自己，因为改变自己永远比改变世界更容易、更有效。

【思维扩展】

《大学》一书是中国古代儒家典籍名篇，其为有志者明示了能够改变世界的唯一途径，这就是：“正心、修身、齐家、治国、平天下”。其大意是：有志者若使美德彰明于天下，就要先治理好自己的国家；要治理好自己的国家，首先要整顿好自己的家；要整顿好自己的家，必须先要提高自我修养；要进行自我修养，最根本是要端正自己的思想……思想端正了，就可以实现自我的修养完善；自我修养完善了，就可以使家庭幸福有序；能使家庭幸福有序的人，才能使国家安定繁荣；国家安定繁荣了，才能有能力平定天下。

东方的“正心、修身、齐家、治国、平天下”的文化，与西方的“若要改变世界，首先要改变自己”的思想，揭示的都是同一道理：改变自我是改变一切的前提与途径！

改变自我的训练步骤

第一环节：有氧训练

注意：开场、跑步要求、强调队列队形、口号要求。

第二环节：自我激励

自我激励内容：自我激励一、自我激励二、自我激励三、自我激励四、自我激励五。（见附录）

注意：强调手势、语速的轻重缓急。

第三环节：故事分享

《鹰的故事》或是《主教的墓志铭》

注意：讲故事时一定要口语化，简单易懂，在训练场上的故事不同于室内课程的故事。一般情况下，在感情氛围不是很好的情况下，不宜进行低音或是斥责式的讲述。

第四环节：分组讨论

按"排"进行分组讨论（具体问题具体分析解决），按照队伍所站列的位置进行分组。

讨论内容：参加训练营想要得到哪方面的改变？对于自己的以前有什么看法？对于自己的将来有什么期望？希望二十一天的训练带给自己什么？

第五环节：学员感悟

步骤1：进行启发引导，一般为2～3分钟。

步骤2：根据时间情况让3～5名同学到队伍前面向大家分享自己的感悟。

第六环节：总结训练

步骤1：紧扣第三节所讲的训练目的和理念支持，简明阐述即可。

步骤2：强调如何填写感悟表和感悟表的收交规定。

步骤3：结束口号（强调结束口号的内容和手势）。

注意：根据情况可进行补充故事讲解，以便进一步启发学员。

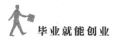

训练笔记

4. 培养乐观心态的素质训练

理念和目的

世间万事万物，你可用两种观念去看它，一个是正面的积极的，另一个是负面的消极的，这就像钱币一正一反，该怎么看这一正一反，就是心态，它完全决定于你自己的想法。积极的心态可使人快乐、进取、有朝气、有精神，消极的心态则使人沮丧、难过，没有主动性。

你认为自己是什么样的人，就将成为什么样的人。烦恼与欢喜，成功和失败，仅系于一念之间，这一念即是心态。心态决定很多方面，事情的好与坏取决于我们如何看待它。

【理念支持】

① 乐观的心态是决定事情成败的关键。

② 乐观的心态可以指导人们如何从挫折中站起。

③ 乐观的心态可以培养我们坚持不懈的精神。

④ 积极的人像太阳照到哪里哪里亮，消极的人像月亮初一十五不一样。

⑤ 面对太阳，阴影永远在我们的身后。

【训练目的】

① 让学员了解心态对事物影响的重要性。

② 教会学员如何培养一个良好的心态。

③ 告诉学员如何保持一个良好的心态。

④ 深刻理解心态决定命运的真正含义。

成功是每个人的梦想，但是成功不是从天上掉下来的，而是经过不断的磨炼和积累获得的。把成功比作一座大厦，德商、情商、灵商、胆商等等，都是构造这座摩天大楼必不可少的材料。对于大学生来说，现在正是培养自己这些能力的黄金时期。

【训练建议】

保持积极心态，克服消极心态，是每个人一生的大事，贯穿生命的全过程。为此建议大学生，平时多思考正面的事情，少想负面的事情，在以下方面多多积累。

① 明白你所要的和实现目标的资源。

② 用行动使每天的生活成为你实现目标的铺路石，积小胜为大胜。

③ 经常与心灵对话，深思默想，及时清除心灵污垢，增强乐观态度，学会暗示技巧。

④ 养成精益求精的好习惯，选择好目标，集中思想掘一口井，克服懒散、逃避、观望、犹豫、抑郁等坏习惯。

⑤ 心胸开阔，提升视野，以相同或更多的价值回报曾经帮助过你的人。"报酬增加律"最后还会给你带来好处，甚至是意想不到的收获。

⑥ 善于学习，向自己学，向他人学，向社会学，向历史学，向书本学，从中滋养和提升你的综合素质。

⑦ 树立正确的观念，改变陈旧的想法，通过学习技能调整欲望水平，使你的生活计划更加切实可行。

⑧ 培养自信自尊，强身健体，适时娱乐，与新老朋友经常沟通。当问题想不通时，可借助心理医生或心理指导书来缓解、疏通。

把电脑卖给不懂电脑的人

人与人之间本没有多大的区别，但为什么有些人能克服万难去建功立业，获得成功与财富，有些人却要品尝贫困潦倒的生活苦酒呢？区别就在于人们处事的"心态"。

两家电脑销售公司派出各自的销售员去开拓市场，一个叫吴金山，一个叫张扬，在同一天，他们两人来到了同一个地方。到达当日，他们就发现这个地方的人根本不知道什么是电脑，也就是说，他们对电脑一无所知。

当天晚上，吴金山向总部的领导拍了一封电报："领导，这里的人不懂电脑是什么，有谁还会买电脑？我建议公司别在这里开拓市场了。"

张扬也向公司总部拍了一封电报："领导，太好了！这里的人都不懂电脑。我决定留下来，向他们普及电脑知识，让电脑改变他们的生活和工作。"

两年后，这里的很多人都用上了电脑……

即便是面对同一个市场，两个销售员的态度却截然不同，积极乐观看待问题的张扬，看到的是商机，而消极悲观的吴金山则看到的是失望，因为看待市场的角度不一样，收获的成果自然是天壤之别。

世界成功学大师拿破仑·希尔说：人与人之间只有很小的差异，但这种很小的差异却往往造成了巨大的差别！很小的差异就是所具备的心态是积极的还是消极的，巨大的差别就是成功与失败。希尔在研究成功人士多年后，下了一个重要结论：积极的心态是成功者共有的一个简单秘密。

乐观者与悲观者

假如一个悲观者和一个乐观者在沙漠里，每人只剩下半瓶水，乐观者会庆幸还有半瓶水，总比没有水好多了；但悲观者则会为自己只有半瓶水而伤心。悲观者常常把很多事情想得很微妙，想得对自己不利，感觉自己无法再去承受，无法面对自己所恐惧事情的严重性。

任何事情都具有两面性，就如同古人说的，塞翁失马，焉知非福。其差别就在于一个是积极乐观，一个是消极悲观。积极乐观的人，无论是遭受失败还是面对困难，他们都会用积极的心态暗示自己，只要自己去努力，一切都会朝好的方向发展。正是由于这个坚定的信念，才让他们在行动上变得积极起来。

当然，积极乐观并不只是口头上说说而已，必须是发自内心的。这就是为什么一些公司和店铺，为了提高员工的士气，组织他们喊"我能行""我可以做到"等鼓舞士气的口号了。更为重要的是，乐观的销售员会在困境中把握住销售机会，转败为胜。

一般来说，乐观者跟悲观者有如下区别：

① 乐观者与悲观者之间，其差别是很有趣的：乐观者看到的是油炸圈饼，悲观者看到的是一个窟窿。希望是什么？悲观者说：是地平线，就算看得到，也永远走不到。乐观者说：是启明星，能告诉人们曙光就在前头。

② 乐观者在每次危难中都看到了机会，而悲观者在每个机会中都看到了危难。一直向前走，会怎样？悲观者说：会碰到坑坑洼洼。乐观者说：会看到柳暗花明。上帝也给了他们两样不同的礼物，给了乐观者勇气，给了悲观者眼泪。

游戏演练：解手链

游戏名称：解手链。

最适人数：以各排为单位（一般为一排15人左右）。

游戏道具：无。

游戏规则：

① 每排围成一个向心圈，先举起你的右手，握住和你不相邻的学员的右手；

② 再举起你的左手，握住和你不相邻的学员的左手；

③ 在规定的时间里将这个结解开。

操作方式：

步骤1：将队伍带到操场中央，或是一个宽敞的地方。

步骤2：由教官讲解游戏规则。

步骤3：带领学员做好准备动作。

步骤4：宣布游戏开始，计时开始。

步骤5：游戏结束，集合总结。

游戏重点：

① 启发同学们，生活中也有像这样的结，一直困扰着我们，我们要平静地去对待，才能打开。

② 启发同学们相互之间要理解，互助。

安全措施：

① 避免学员在游戏中发生口角或是打闹。

② 避免学员在游戏中出现高难度的动作。

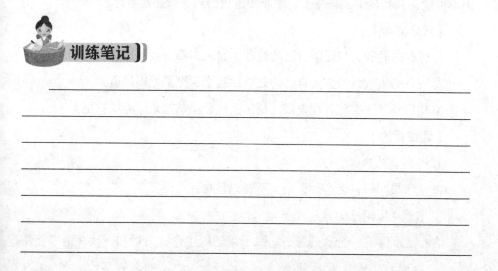

训练笔记

_____

_____

_____

_____

_____

_____

5. 提高信心潜能的素质训练

理念和目的

对于大学生来讲，建立强大的自信心是至关重要的，很多时候不是因为大学生不能做事情，而是他们怀疑自己做事的能力，认为自己做不到。当我们认为自己不能做到、办不到、没法子、没希望的时候，其实我们已经失败了。

做任何事情在没有做之前或是在做的过程中不要轻易给事情下结论，认为不可能，只有试了，坚持了，才能知道我们到底行还是不行。

【理念支持】

①所有的胜利，与征服自己的胜利比起来，都是微不足道。

②所有的失败，与失去自己的失败比起来，更是微不足道。

③相信自己，突破自我设限，相信团队，团结起来才能成就更大。

【训练目的】

①提高学员的自信心。

②让学员突破自己心理设限，不要总是自我设限。

③培养克服困难的勇气。

信心是永恒的"特效药"，它赋予理想以生命、力量和行动，信心能使人产生强大的精神力量。信心是一种心态，这种心态通过反复的积极的自我暗示，激发人的潜能，产生战胜困难的力量。

勇气是坚定信心、不断努力、不畏挫折和失败、永不放弃的精神品质。没有勇气，人类将寸步难行，有了勇气的支持，一个人才有强大的力量去不断追求目标，从而使潜能得到不断激发。

最伟大的推销员

敢想敢做，一切皆有可能！"撑死胆大的，饿死胆小的。"这里所指的并不是要去做坏事，而是我们的思想，应该更加开放一些，不要把自己永远禁锢在樊篱中。大胆地行动，只要敢想，敢做，人生一切皆有可能！只要你敢想敢做，一切都没有你想象的那么难。

乔·吉拉德曾经连续12年荣登《吉斯尼世界纪录大全》世界汽车销售第一的宝座，是世界上最伟大的销售员。

多年来，乔·吉拉德所保持的汽车销售纪录如下：连续12年平均每天销售6辆车，至今无人能破；乔·吉拉德因售出13000多辆汽车创造了商品销售最高纪录而被载入《吉斯尼世界纪录大全》；乔·吉拉德曾经连续15年成为世界上售出新汽车最多的人，其中6年平均每年售出汽车1300辆。同时，乔·吉拉德也是全球最受欢迎的演讲大师，曾为众多世界500强企业的精英传授他的宝贵经验，来自世界各地数以百万的人被他的演讲所感动，被他的事迹所激励。

你能相信，像乔·吉拉德这样的销售大师，三十五岁以前，曾是一个对自己没有信心、自认为失败的人吗？

原来，乔·吉拉德患有相当严重的口吃，在三十五岁以前，他换过的工作有四十多个，并且哪份工作都没有做好，他甚至当过小偷，开过赌场，为此还背负了一身债务。在这个时候，不但周围的人放弃了他，连他自己也准备放弃自己了。但是，痛定思痛后，乔·吉拉德没有放弃自己，而是重拾信心，才让他在短短三年内登上世界第一的宝座，并被《吉尼斯世界纪录大全》称为"世界上最伟大的推销员"。由此来看，只要我们对自己有足够的信心，一切皆有可能！

虚心学习、努力执着、注重服务与真诚分享是乔·吉拉德取得成功的四个最重要的关键因素。销售是需要智慧和策略的工作，但在我们看来，信心和执着最重要，因为按照预测推断，没人会想到乔·吉拉德后来的辉煌！

即使你有先天缺陷，也不要放弃，你的命运你做主。如果你的出身比乔·吉拉德强，没有偷过东西，没有口吃，那你没有理由不成功！除非你对自己没有信心，除非你真的没有努力过，奋斗过！趁年轻埋头苦干吧，别抱怨你现在吃的苦，受的累，扛的责，有舍才有得，以后的你一定会感谢现在坚强的你！

昂起头来真美

生命是如此美好，就是因为生命是一次偶然又是一个奇迹。命运之神、欲望之源用重重的枷锁束缚万物，让众生低头臣服在他们的左右。而生命的强者却倔强地昂起头，纵使苦涩的泪水夹着血水在脸上肆虐，也要昂起头去接受阳光，欣赏彩虹。

珍妮对自己的长相一直很自卑，平时走路时总是低着头。有一天，她到饰物店去买了一只绿色蝴蝶结，店主不断赞美戴着蝴蝶结的她漂亮大方。珍妮虽不信，但听到有人称赞自己美还是挺高兴的，走路时就不由自主地昂起了头，让大家看到她头上漂亮的蝴蝶结。

因为太高兴，珍妮不小心跟一个人撞了一下都没有在意。当珍妮走进教室时，迎面碰上了她的老师，"珍妮，你昂起头来真美！"老师说着爱抚地拍拍她的肩。

那一天，她得到了许多人的赞美。

她想一定是蝴蝶结的功劳，回家后就急可待地去照镜子，可让人意外的是她头上根本就没有蝴蝶结。

自信原本就是一种美丽，而很多人却因为太在意外表而失去很多快乐。一个人，无论是贫穷，还是富有，无论是貌若天仙，还是相貌平平，只要你对自己、对生活充满信心，昂起头来，笑对一切，那么快乐会使你变得可爱——人人都喜欢的那种可爱。昂起头是一种自信的表现，是一种成功的象征。昂起头来是一种人生气节，是在生命面前站起来的坚毅和伟大。

游戏演练：信任背摔

游戏名称：信任背摔。

最适人数：全体学员。

游戏道具：用于绑手的布条或短绳，每组两根。

游戏规则：

① 站在背摔台上面的同学背对着大家，双手抱于胸前；

② 台下学员双臂伸直掌心向上，相互交叉；

③ 背摔台上的同学倒下前要问："准备好了吗？"台下同学回答："准备好了。"然后再问："那我倒了？"台下同学回答："倒吧。"

④ 倒下去的同学身体必须自始至终都要保持笔直。

操作方式：

步骤1：将学生带到大概1.5米的高台下。

步骤2：由教官宣布游戏规则，并指导学员完成标准预备动作。

步骤3：由教官做示范动作。

步骤4：宣布安全注意事项。

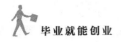

步骤5：宣布游戏开始。

步骤6：游戏结束，集合总结。

游戏重点：

① 换位思考问题，练达思维，化解烦恼，从容应对。

② 为什么信任？信任是如何产生并建立起来的？

③ 由孤立无助到感受团队力量（背摔者由空中无助到触及队友手臂的感觉）。

④ 为什么会恐惧？为什么会弯曲？

⑤ 如果是未知的领域，你怎么去面对？

⑥ 弯与不弯有没有本质区别？之所以弯也许是由自己的控制能力来决定的。

⑦ 自控能力如何把握？

⑧ 假设处在一个陌生的团队，大家素不相识，没有经过热身和团队建设，你还敢不敢摔？我们说：信任是建立在相互了解的基础上的，如果第一个人没接住，摔伤了，你还敢不敢摔？我们说信任很难建立，但却很容易打破。

安全措施：

① 负责接的学员要时刻保持精神高度集中，头往后仰。

② 在上面倒的学员要注意身体保持笔直，不能跳。

③ 所有负责的教官要竭尽全力，时刻关注细节，维护学员的安全。

【训练步骤】（略）

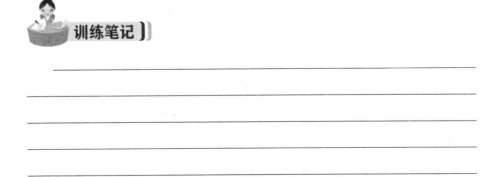

6. 增强爱心和感恩意识的训练

理念和目的

爱是这个世界上最伟大的武器，有了爱即使才疏智短也终将成功，如果没有爱即使博学多识也终将失败。当代的大学生大多数都缺乏对父母的理解，对父母的关爱，很多时候也忽视了对自己身体的关爱，应该形成爱自己，爱父母，爱亲人的良好道德品质。

【理念支持】

① 哪里有爱哪里就有成功和财富。

② 爱是生命的火焰，没有它一切将变成黑夜。

③ 一个人必须具备五颗心，第一颗心是爱心，第二颗心是孝心，第三颗心是忠心，第四颗心是良心，第五颗心是信心。

【训练目的】

① 增强学员的爱与感恩意识，增强学员与父母之间的沟通。

② 让学员学会感恩父母，感恩老师和帮助自己的人。

③ 让学员懂得爱的真正伟大，消除学员与父母亲人之间的代沟。

如果把人生比作杠杆，人的信念就是一个强有力的支点，而只有具备感恩思想的人才能为信念焕发出无穷的力量。对大学生开展感恩教育的过程，

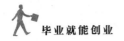

其实就是培养他们的感恩意识并付诸于感恩行动的过程。

母爱的故事

母爱是伟大的！母爱的伟大就是一次次的叮咛嘱咐，虽然没有新鲜的词语，但感情深厚；母爱的伟大就是一滴滴辛勤的汗水，虽然没有感恩的心声，但乐此不疲。母爱的伟大就是一根根银白的鬓发，虽然没有特别的华丽，但见证风雨。

在"5·12"大地震中，一个年轻的母亲和她的小孩被困在一个地洞里。

由于地洞上面压了许多倒塌的房屋，年轻的母亲一时间也没有办法，声音也没办法传出去，只能慢慢地等待……

时间对她来说过得很漫长，平时一秒在她看来就是一个世纪，她并不担心自己，而是担心怀里的孩子，她完全忘记了自己的痛苦，掉下去的那一瞬间，她用自己并不是很有力的手臂，本能地把孩子紧紧地抱住，而孩子也似乎懂事，竟没有哭！但不管发生什么事，她都始终把孩子紧紧地抱在怀里，不让他受到一丝的伤害，等一切平静下来，她只有慢慢地等……

时间一秒一秒地过去，也不知道过了多久，她感觉怀里的孩子动了，她知道，孩子饿了！但她又怎么不饿？但不管三七二十一，马上给孩子喂奶……等孩子睡了，她虽然也有些疲倦，但她不敢睡……她就那样一直抱着孩子，一直强打起精神，她在等……

时间还是那样漫长，周围只有黑暗，平时她很怕，但今天她没有叫喊，因为她知道只有她活着，孩子才有机会！她是一个母亲！

在黑暗的世界，不知道她重复喂奶的动作已经多少次了，她只知道孩子一哭，她就喂奶，但时间还是很快过去，她也感到非常的疲倦饥饿，但她一直没睡。

孩子又哭了！她照样喂奶，可是糟了，没奶水了！也难怪，她都记不得有多少时间没有进食了，哪还有奶水啊？

年轻的母亲第一次哭了，从掉下来的时候她从没有哭，可这次，因为没有奶水，她哭了！

孩子还在哭，她于是把手指送到孩子嘴里，想给他一些安慰，但孩子好像知道她骗他，孩子还是没有停止哭喊；她听着孩子的声音，心都快碎了！但有什么办法？只有把孩子紧紧地抱在怀里！

但是没奶，孩子还是一直哭个不停，年轻的母亲没哭，只是有泪水从眼里冒出来，突然，她感到孩子吮吸她的手指……

三天后，救援人员听到孩子的哭声，发现了她们母子。

经过一番努力，人们小心地把挡着她的废墟清理开，在她的身体下面躺着她的孩子，包在一个红色带黄花的小被子里，大概有三四个月大，因为母亲身体庇护着，他毫发未伤，抱出来的时候，他还安静地睡着，他熟睡的脸让所有在场的人感到很温暖。孩子只是有些饿，而母亲却已经死了一天，孩子一直吮吸母亲的手指，母亲的手指上有些血丝，孩子的嘴上也有血丝……

随行的医生过来解开被子准备做些检查，发现有一部手机塞在被子里，医生下意识地看了下手机屏幕，发现屏幕上是一条已经写好的短信："亲爱的宝贝，如果你能活着，一定要记住：妈妈爱你。"看惯了生离死别的医生却在这一刻落泪了，手机传递着，每个看到短信的人都落泪了。

母爱的力量之所以伟大，是因为：

母爱是伟大的、无私的。母爱，人世间最无私的爱；母爱，人世间最仁慈的爱。天之高，永不及于母亲思念儿女之情；海之阔，永不广于母亲疼爱儿女之心！母爱是一片阳光，即使在寒冷的冬天也能感受春天的温暖；母爱是一泓清泉，即使心灵被岁月风尘蒙沙，也能让你清澈澄净；母爱是一棵树，即使季节轮回也固守家园，甘愿撑起一片绿荫。

母爱是不惜以生命为代价的。女人固然是脆弱的，但作为母亲却是如此的坚强和无畏。当危难来临时，每一个母亲表现得多么的相似！为了孩子无

一例外地挺身而出，甚至不惜以生命为代价。这就是母爱，体现为一种极致，蕴藏着伟大的力量。

比尔·盖茨：天下最不能等待的事是孝顺

尊老、爱老、敬老、养老的中华民族传统美德，我们必须要传承和发扬。赡养老人、孝敬父母是每个人义不容辞的责任和义务。

2001年7月，《机会》杂志在意大利的米兰创刊。为了让该杂志一炮走红，董事长亨利·肯德里提议，请比尔·盖茨来写发刊词。该杂志记者在多次联系比尔·盖茨后，终于得到一个机会：比尔·盖茨答应在纽约开往内罗比的飞机上接受采访，不过时间只有十五分钟。

记者为了用这宝贵的十五分钟采访到重要内容，就把问题按照重要程度作了排序，其中他们认为第一个重要的问题是：您认为最不能等待的事是什么？

对于这个最重要的问题，比尔·盖茨想也没想，就回答道："我认为天下最不能等待的事是孝顺。"

比尔·盖茨的回答出乎所有人的意料，但又似乎在情理之中。的确，孝顺父母，是我们每一个人都不能等待的事情。因为随着父母年纪的增大，他们跟我们相处的日子越来越少。古话说：子欲养而亲不待。孝顺父母是我们刻不容缓的事情，这种孝，体现在对父母的敬和陪伴上。

父母给了我们生命，含辛茹苦地把我们养育成人，作为孩子尽心尽力地孝顺他们，这是天经地义的事情。不管你是谁，在何位，任何职，你都要孝顺父母。

成功、财富与爱

犹太民族是世界公认的智慧民族，在犹太民族中有一个广为流传的故事，它的理念足以让我们受用终生。

一个妇人一天早晨出门，看到三位老者坐在她家门前，妇人与他们素不相识。她上前对他们说："你们一定又冷又饿吧，请一起到屋里吃点东西暖暖身子吧。"

"谢谢您夫人！"一位老人说道："我叫爱，这位叫财富，那位叫成功，我们都想进屋，但却有个约定，通常情况下我们只能进去一位，请你进屋先和家人商量商量，看看需要我们哪一位进去。"

妇人进屋和家人商量，她想请财富老人进来，丈夫想请成功老人进来，而女儿却非要请叫爱的老人进来，最后夫妻俩服从了女儿的建议。妇人出门向三位老人说："我已和家人商量了，准备请叫爱的老人进来。"

叫爱的老人起身朝屋门走去，另外两位也随后起身跟在后面。妇人感到奇怪，问财富和成功："你们两位不是不能进来吗？"

老人们一同回答："哪里有爱，哪里就有财富和成功！"

"哪里有爱，哪里就有财富和成功！"此言一语道破了成功、财富与爱之间的天机。人生要想获得成功，人生若要拥有财富，必须要有爱做基础，否则就不能获得真正的成功和财富。

游戏演练：盲人与跛足

游戏名称：盲人与跛足。

最适人数：每两人一组，以双数为宜，否则以学员替代。

游戏道具：眼罩若干，满足学员人数。

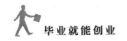

游戏规则：

① 游戏中每两人为一组，其中一人扮演盲人，一人扮演既盲又跛足的人；

② 游戏中不得随便将眼罩摘下，摘下者将返回起点，重新开始；

③ 游戏中扮演跛足的人，有一只脚不允许着地，也不允许中途换脚，否则将返回原地，重新开始。

操作方式：

步骤1：将队伍带到游戏预先设定的出发点。

步骤2：由教官宣布游戏规则，游戏规则必须宣布到位。

步骤3：由教官发放眼罩，并协助学员将眼罩戴好，确保学员看不到。

步骤4：让学员寻找自己的合作搭档，并讨论好各自扮演的角色，确定是否完成。

步骤5：让学员原地转圈，学员根据情况随意下达口令，例如向后转2圈、向右转5圈等。

步骤6：宣布游戏开始。

步骤7：宣布游戏结束，集合总结。

游戏重点：

① 强调在游戏过程中认真感悟，认真体会。

② 盲人与跛脚的扮演角色到位。

③ 严格遵循游戏规则。

④ 提前选择好场地，一定要选用安全的场地。

安全措施：

① 保护学员，避免因摔倒而发生安全事故。

② 提醒学员在行走过程中要时刻注意脚下或是头部。

【训练步骤】（略）

训练笔记

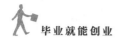

7. 过生日锻炼感恩能力的训练

理念和目的

　　每个人都有自己的生日，当我们带着一声啼哭来到这个世界上的时候，就有人默默地为我们不惜一切代价地付出着，这就是父母。我们的生日是母亲的"受难日"，当人们庆祝生日的时候，所有的人都应该无条件地向父母说一声，你们辛苦了。每次的生日就意味着又长大了一岁，意味着我们应该去承担更多的责任。

　　【理念支持】

　　①有今天幸福的生活，是父母无微不至的呵护和辛劳的养育。

　　②有今天快乐的时光，是老师精心的教诲和无私的帮助。

　　③孝道是中华民族的传统美德。

　　【训练目的】

　　①让每个学员了解到自己的生日就是母亲的"受难日"。

　　②让每个学员增进自己和父母之间的沟通和交流。

　　③增加同学们之间的感情，提高团队的凝聚力，建立家一般的训练生活。

　　④让同学们真正感受到爱的氛围和亲情的力量。

一般而言，过生日的时候，最忙碌的一定是父母。每个人都会过生日，通过过生日来训练学员的感恩意识，是非常有效果的活动。过生日的时候，我们都应该祝福我们的父母和天下的父母健康长寿，没有他们就没有我们的一切。

可可西里草原上的故事

母爱是无私的，说到母爱，我们很自然会想到自己的母亲。可是，最无私的母爱不仅在人类中，在动物身上，也广泛存在着。人类的母爱被视为最崇高、无私的爱，是人类生命延续的根本。其实，在动物界也不乏充满母爱的动物，它们对自己的孩子像人类一样呵护有加。

一个猎人和往常一样在可可西里附近打猎，一般每天的收获都不错。他把藏羚羊的皮卖给商贩来维持自己的生活。他遇见从外地来旅游的人很是热情地招待，但是当人们知道他是靠捕杀藏羚羊来维持生活时，都劝他不要捕杀了，可他不听。直到一天有一只羚羊就在他的帐篷外，他说："哈哈，送上门的东西怎么可以不要啊？"

他准备去拿枪时，只见羚羊一下子跪在地上好像有求于他。可是他毫不犹豫地回去拿了枪，想把羚羊击毙……只听见一声枪响，那只可怜的羚羊就这样去世了，它永远地离开了这个世界。猎人把羚羊带回去取皮时，发现羚羊的肚子里有一只成形的小羚羊，等不了多久就要出世了。可是他把小羚羊给杀害了，这时猎人也呆了，他挖了个坑把两只羚羊埋了，同时也把自己的枪也埋了。猎人对着羚羊发誓，他从此以后不再捕杀羚羊了，而且要保护羚羊。

猎人走了，最后消失在了人群中……

孩子的生日正是母亲的"受难日"。大家一定要牢记：你生日那天，是

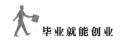
母亲经过生死煎熬般的苦难历程，才把你带到这个世界来的！你的生日就是你母亲的"受难日"！所以，在你生日那天，请买一束鲜花送给妈妈！我们每一个人都是母亲的孩子，只要我们活在世上，就要承担起关心母亲、照顾母亲的责任！

不肯离去的老牛

这是一个真实的故事，故事发生在西部一个极度缺水的沙漠地区。

在这里，每人每天的用水量严格限定为三斤。日常的饮用、洗漱、洗菜、洗衣，包括喂牲口，全都依赖这三斤珍贵的水，而这些水还得靠驻军从很远的地方运来。

人缺水不行，牲畜也一样。终于有一天，一头一直被人们认为憨厚的老牛挣脱了缰绳，闯到沙漠里运水车必经的公路旁。运水军车来了，老牛迅速冲上公路，司机紧急刹车，军车停了下来。老牛沉默着立在车前，任凭司机怎样呵斥驱赶，它就是不肯挪动半步。五分钟过去了，十分钟过去了，双方仍然僵持着。运水的战士以前也碰到过牲口拦路索水的情形，但它们都不像这头牛这般倔强。人和牛这样对峙着，运水车不能前进，性急的司机试图点火驱赶，可老牛仍然一动不动。

后来，牛的主人来了，恼羞成怒的主人扬起长鞭，狠狠地抽打瘦骨嶙峋的老牛。牛被打得哀哀叫唤，但还是不肯让开。它凄厉的叫声，和着沙漠中阴冷的风，显得分外悲壮。一旁的运水战士哭了，司机也哭了。最后，运水的战士说："就让我违反一次规定吧，我愿意接受一次处分。"他从水车上取出半盆水——三斤左右，放在牛面前。

出人意料的是，老牛没有喝水，而是对着夕阳，仰天长哞，似乎在呼唤什么。不远的沙堆背后跑来一头小牛，老牛慈爱地看着小牛贪婪地喝完水，伸出舌头舔舔小牛的眼睛，小牛也舔舔老牛的眼睛。静默中，人们看到了母子眼中的泪水。没等主人吆喝，在一片寂静中，它们掉转头，慢慢往回走去。

母爱是一种最为无私的力量。世间的母爱是共通的。人的一生，在世界上一切的光荣和骄傲，都来自于母爱。母爱是神圣的，它有时在我们最困难时给予我们力量。从生下来的那一刻，人们就幸福地投入母爱的怀抱。

游戏演练：生日聚会

游戏名称： 生日聚会。

最适人数： 全体学员（当月过生日的为主角）。

游戏道具： 无。

游戏规则：

① 当月生日学员站在队伍中间；

② 全体唱生日歌；

③ 切蛋糕，分蛋糕。

操作方式：

步骤1：将队伍带到一个开阔的地方，例如操场中央。

步骤2：讲清楚游戏规则。

步骤3：阐述今日主题。

步骤4：教官宣布开始唱生日歌，许愿、切蛋糕、分蛋糕。

步骤5：宣布结束命令，分组讨论。

游戏重点：

① 点出生日与父母之间的联系。

② 启发同学感恩的心态。

③ 塑造现场感人氛围。

安全措施：

① 规劝学员吃蛋糕时不要相互扔蛋糕、打闹。

毕业就能创业

② 避免学员起哄引起混乱。

【训练步骤】（略）

训练笔记

第三章

职场没有目标，发展就没方向

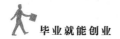

1. 确定人生目标，少走弯弯绕

人生在世，最紧要的不是我们所处的位置，而是我们活动的方向，即确定人生目标。人一旦有了明确的目标，才有奔跑的动力，才会在实现目标的道路上少走弯路！

关键不在位置而在方向

成功者总是少数的，根本原因是什么？卡耐基曾对世界上不同种族、年龄与性别的人进行过一次关于人生目标的调查。他发现，只有3％的人能够确定目标，并知道怎样把目标落实；而另外97％的人，要么根本没有目标，要么目标不确定，要么不知道怎样去实现目标……

十年之后，对上述对象再一次进行调查，结果令人吃惊：属于原来那97％范围内的人，除了年龄增长10岁以外，在生活、工作、个人成就上几乎没有太大的起色，还是那么普通和平庸；而那原来与众不同的3％，却在各自的领域里都取得了成功。他们十年前提出的目标，都不同程度得以实现，并正在按原定的人生目标走下去。

美国19世纪哲学家、诗人爱默生说："一心向着自己目标前进的人，整个世界都会给他让路！"

在漫长的人生之路上，我们需要设置好自己前行的目标，有了目标才有前进的动力，有了动力，我们才能激励自己不断地向前冲。

一个老猎人有三个同是猎人的儿子，在三个儿子中，三儿子猎术高明，身手了得。

有一次，父亲带着三个儿子在草原上打猎。他们在开始行动之前，父亲问三个儿子：

"在打猎之前，你们看到什么了？"

老大第一个回答："我看到了我们手里的猎枪，在草原上奔跑的野兔，还有一望无际的草原。"

父亲摇摇头说："错。"

老二说道："我看到了爸爸、大哥、弟弟、猎枪、野兔，还有茫茫无际的草原。"

父亲仍然摇头："不对。"

老三望着草原上奔跑的野兔，回答："我看到了野兔。"

父亲高兴地说："回答得非常正确。"说着转身对大儿子和二儿子说："你们的弟弟之所以枪法准，是因为他狩猎时对猎物的目标定得精准，在他眼里，只有野兔。"

这个故事引申出的道理，同样适用于我们"管理人生"。我们在追求成功时，必须做到对目标给予精准的定位，比如，你想在工作上取得成就，你就得列出要达到的目标。

有目标，生活才处于追索的状态，才会感到充实，感到快乐。20世纪80年代，美国哈佛的两位心理学家做过一项关于"幸福"的研究，研究对象是一些自称幸福的人。结果，幸福的人们其共同之处，不是财富，不是爱情，甚至也不是健康。他们有两点是共同的：第一，明确地知道自己的生活目

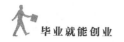

毕业就能创业

标；第二，感受到自己正在稳步地向目标前进。

怎样确立你的职业目标

首先要明确什么是职业目标。职业目标是你在职业上的追求、期望，如人力资源总监就是一个职业目标，而人力资源方面的工作就不是职业目标，而只是一个职业发展方向。树立职业目标的五种方法，如图3-1所示：

图3-1　确立职业目标的五种方法

◆ **理论**

理论就是在饱览众多职业后，根据自己的想法树立一个职业目标。简单的操作是，你可以去前程无忧招聘网站，看看那里所招聘的职位都有什么，一定要具体了解职位，在察看了职位描述和职位工作内容之后就可以初步确定目标了。此种方式只是在理论上确定了目标，但目标并不一定是你所想要的，所以要大量阅读职位信息，并对照自身的情况。

◆ **想象**

这里的想象是指以你生活中对所接触、听闻的职业的了解来确定一个职业目标，虽然具有很大的随意性和局限性，但这也是让你有一个职业目标的方法。晚上睡觉时多回想你的生活就可以了。

080

◆ 情景

情景是指你在参加具体的职业活动、行业活动、公司活动、社会活动中所形成的职业目标。在现实活动中，你可能会因为自己的一时冲动或受到启发等，确定一个职业目标。多去参加各种活动，以增加见识和阅历。

◆ 实践

实践就是指你在实习、社会实践中真实地体验到从事某个职业之后的感想，从而因为喜欢、刺激、感悟等来确定一个职业目标。你要实实在在地去做事、做工作，要充分利用假期这段时间。

◆ 榜样

你可能因为以哪位商业精英为榜样，也想成为像他一样的人，那这个期望就是职业目标。

这里给大家介绍一个确定职业目标的参考步骤，如图3-2所示：

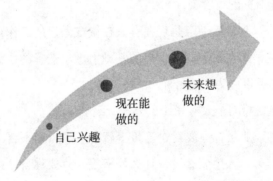

图3-2 确定职业目标的简单步骤

第一，要知道你一直以来想做的事，这样你会找到你的兴趣，你在最寂寞的时候心中也不放弃的那份追求，就是你想做的事情。

第二，你现在能做的，包括你的知识、经验、技能、思维方式等，这样能保证你可以找到你想做的切入点。

第三，你将来要做的，你的职业期望是什么？

将三者结合起来就可以找到你的职业目标，你未来的职业目标！

那么，确定职业目标时要注意什么呢？如图3-3所示：

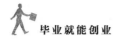

图3-3　确定职业目标的三个注意事项

第一，职业目标的明确性。

职业目标是特定的，是在现有职业、行业或企业基础上的目标，它不是空穴来风，不能超越时代和现实。如总经理就不是一个职业目标，而日化行业的总经理或宝洁公司的总经理就是职业目标了。

第二，职业目标的可实现性。

你所确定的职业目标一定是现在有人在做或做过的工作角色，即现实公司中所有的职位，是在了解职业世界的基础上做出选择的，你不能凭空造出一个职位来，然后以此为职业目标。

第三，职业目标的个人喜好性。

你所确定的职业目标只要对自己负责就可以了，而不要考虑或被别人的思想所影响。因为，人生怎么过，什么是幸福，只要你自己感觉到合适就可以了。也就是说，职业目标不一定要适合，但一定要喜欢。

明确实施计划并坚决贯彻

再长的路，一步步也能走完，再短的路，不迈开双脚也无法到达。因为你的职业目标是现实的，是既有的，那么在思考如何才能实现目标时，就要调研一个过来人或者现在就职者的成功轨迹，如图3-4所示：

图3-4　实现职业目标需要的过程

比如，宝洁中国分公司的营销经理这个职业目标，在宝洁一定有做这个职位的人，那么可以对做过这个职位的人进行职业访谈，看看他是怎么准备，怎么成功的。然后在访问几十人之后，就可以总结出一定的实现目标的途径，最后结合自身，就可以选择一条最优途径了。

目标就是力量，有了目标就有了奋斗的动力。古今中外凡在智能上有所发展、事业上有所成就的人，无不有着明确而坚定的目标。有了目标，要想实现，那么只有行动、努力。

英国前首相本杰明·迪斯累里原本是一名并不成功的作家，出版数部作品却无一能给人留下深刻印象。后来迪斯累里涉足政坛，决心成为英国首相。他克服重重阻力，先后当选议员、下议院主席、高等法院首席法官，直至1868年实现既定目标，成为英国首相。

对于自己的成功，在一次简短的演说中迪斯累里这样总结道："成功的秘诀在于坚持目标。"

有目标不一定能成功，但没有目标一定不能成功。因为没有目标，你每天过的是得过且过的日子。拥有了目标，你才能清晰自己目前要做的事情。

明确而坚定的目标是我们赢得成功、有所作为的基本前提，因为坚定目标的意义，不仅在于面对种种挫折与困难时能百折不挠，抓住成功的契机，让梦想一步步变为现实，更重要的还在于身处逆境能产生巨大的奋进激情，使自己的潜能得到最大发掘与释放。

在职业目标的建立及实现过程中，会凸现出四种人：一是没目标没行

动，这种人不但没有职业规划的意识，也没有实干的精神；二是没目标有行动，这种人信奉计划没有变化快，走一步算一步，所以他们用实践打拼未来；三是有目标没行动，整天活在梦里的人，是颓废的代表；四是有目标有行动，想不成功都不行，因为老天怎么会辜负这种人呢？

◆ **实现目标的步骤**

设定长期目标时有三个方面的因素要考虑，就是自我实现、地位象征和净所得。另外需要记住的是，为自己建立目标实现的三个主要阶段——长期目标、中期目标、短期目标。

每个阶段目标的主要内容：

1. 长期目标

你设定的长期目标应该是明确的。比如，20年中我希望住在一所大房子里，并且经济独立。你也可以说，20年后我希望住在海边的一所大房子里，拥有200亩占地面积，以及在银行中有可以供我花费的人民币存款。你的长期目标也许不是这个样子，但你需要这样的具体。

2. 中期目标

当你设定完长期目标时，将它分为两半，设定一下10年期的中期目标。10年相比20年，其实现的可能性又有所增加。接着将10年再分成两半，直到你得到了1年期的短期目标时，再将它划分成月、周甚至天。你的中期目标会是你最大的和可能是最不现实的目标，那么你就能进行最快的调整。

3. 短期目标

短期目标是您应该最为关注的目标。短期目标的设定不要超过90天，这样能取得更好的效果。超过90天的短期目标不足以产生直接相关的应变意识。另外应该做的是：建立短期目标后立即开始行动来实现它。就是说要坚定不移，不要在意识中否定它，不要等明天、下个星期，而是立即行动。

比如，如果其中一个目标是买辆××汽车，那么开始行动，按计划在90天内买到它。它会给你带来动力，而且这个动力会很快让你的下一个目标加速完成。

　　设定短期目标可以比较容易来检验你的决心。如果设定了目标之后，要达到这个目标感觉压力过大，那么你就不能肯定是否能实现它。如果你有信心，你的计划就会激励你为目标而采取积极行动。

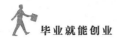

2. 明白人生目标意义的训练

理念和目的

确立人生目标是一件重要的事，换句话说，它就是你的人生追求与梦想。不过追求与梦想听起来总像一种超出你可控范围的事情。如果你愿意投入精力去做，就可能达到你的人生目标。因此，你这一生真正想要的是什么？什么是你真正想去完成的事情？……这些都是你的目标，把每个这样的目标用一句话写下来。

如果其中任何目标只是达到另外一个目标的关键步骤，把它从清单中去掉，因为它不是你的人生目标，而仅仅是旅途中的驿站。

【理念支持】

① 有了目标，内心的力量才会找到方向，盲无目标的飘荡终归会迷路，你内心那座无价的金矿，也终因不开采而与平凡的尘土一样。

② 你有什么样的目标就有什么样的人生，世上有97%的人对心目中喜欢的世界没有一幅清晰的画面，他们没有改善自己生活的目标，无法用一生的目标去鞭策自己，结果他们继续生活在一个他们无意改变的世界里。

③ 一个心中有目标的普通人，会成为创造历史的伟人；一个心中没有目标人，只能是个平凡的人。

【训练目的】

① 让大学生明白人生目标的意义以及重要性。

② 让大学生明确自己现在的生活状况，并对自己的未来充满信心。

③ 让大学生明确只有目标的引导，自己的人生才能辉煌和幸福。

人生的目标就像人生路上的灯塔，时刻照亮着一个人前进的道路，使每个人在人生道路上不至于迷失方向，不至于偷懒不前，不至于碌碌无为、荒度人生。可见一个人如何很好地确立人生目标是非常重要而现实的。

阿古特尔的铜像

人生好比乘车前往目的地，沿途风景美不胜收。如果你的最高人生目标是在目的地的话，那么你决不能中途因贪恋美景而下车。假如你忍不住下了车，那车决不会等你。虽然你还可以登上下一辆车，但这辆车已不是那辆车，而且到达的也不是原来那个目的地了。

人生从选定方向开始，无论干任何事情，一定要找准适合自己的方向。对于一艘没有航向的船来说，任何方向的风都是逆风。成功也是如此，你只有选对了方向，再不断地细化前进的目标，按照设定的目标不断推进，一步一步的，成功就会在不远的地方等你。

比赛尔是西撒哈拉沙漠中的一颗明珠，每年会有数以万计的旅游者到这里旅游。可是在肯·莱文发现它之前，这里还是一个封闭而落后的地方。由于这片贫瘠的土地没有树木，居住在这个地方的人辨不清方向，所以，这里的人都无法走出大漠。

肯·莱文来后，他用手语问当地人："为什么不去看看外面的世界？"每个人的回答都一样："从这儿无论向哪个方向走，最后都会转回到出发的地方。"

肯·莱文不信，决定亲自做尝试，他从比塞尔村向北走，结果三天半就

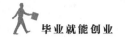

走了出来。

"我这么快就走了出来，为什么比塞尔人走不出来呢？"肯·莱文感到困惑不解。为了弄清楚原因，他雇了一个叫阿古特尔的年轻人，让他带路。他们带了半个月的水，牵着两峰骆驼，肯·莱文收起指南针等现代设备，只挂一根木棍跟在后面。

十天过去了，他们走了大约八百英里的路程，第十一天的早晨，他们果然又重新回到比塞尔。直到此时，肯·莱文才找到答案：由于比塞尔人不认识北斗星，所以才走不出大漠。

在一望无际的沙漠里，一个人如果只凭着感觉往前走，他会走出许多大小不一的圆圈，最后的足迹十有八九是一把卷尺的形状。而比塞尔村又处在浩瀚的沙漠中间，方圆上千公里的沙漠没有一点参照物，若不认识北斗星又没有指南针，要走出沙漠的确是一件困难的事情。

肯·莱文在离开比塞尔时带着阿古特尔，并告诉他："只要你白天休息，夜晚朝着北面那颗星走，就能走出沙漠。"阿古特尔照着去做，三天后果然来到了大漠的边缘。

阿古特尔成为比塞尔的开拓者，他的铜像被竖在小城中央。铜像的底座上刻着一行字：新生活是从选定方向开始的。

方向正确，你即便走得慢，也能收获令你惊喜的成功；方向错了，即使你走一辈子，也仍然会让你原地踏步。这就是为什么同样是努力打拼，为什么有的人在拼搏十多年后，能成为行业的精英、大咖，甚至于获得非同凡响的成功。

在生活当中，我们要想取得成功，必须学会在杂乱中建立起秩序来。就像肯·莱文为阿古特尔寻找"北斗星"一样。在茫茫的沙漠上，当北斗星成为肯·莱文前行的方向时，他辛苦的跋涉才不会徒劳无功。

由此来看，我们要想让自己的人生变得精彩，就必须选定方向。这是因为：

① 目标对于成功者来说正如空气对于生命一样，如果没有空气，任何生命都不能生存。没有目标，等于失去行动的方向。这个道理再简单不过了，但为什么有很多人总是找不到自己的目标呢？原因就在于他缺乏确定自己目标的能力。

② 如果没有目标，任何人都不能成功。那些在30岁之前成功的人士，非常善于在行动之前，通过自己的思维和判断，找到一个适合自己能力发展的目标，因为在他们看来，找准目标就等于成功了一半。

哈佛大学的目标调查

确定人生和职业目标，可以将自己的精力聚焦在一个点上，从而集聚起更多的资源，获得更多成功的可能性。有了目标，个人对自己命运的影响起着很大作用，也就是，你对自己的控制力增强了。

哈佛大学曾经在一群智力与年龄都相近的青年中，进行了一次关于人生目标的调查，结果发现：

3%的人有十分清晰的长远目标，10%的人有清晰但比较短期的目标，60%的人只有一些模糊的目标，27%的人根本没有目标。

25年后，哈佛大学再次对他们做了跟踪调查，结果令人十分吃惊。那3%的人全部成了社会各界的精英、行业领袖；那10%的人都是各专业各领域的成功人士，生活在社会的中上层，事业有成；那60%的人大部分生活在社会中下层，胸无大志，事业平平；那27%的人过得很不如意，工作不稳定，入不敷出，常常抱怨社会，抱怨政府，怨天尤人。如图3-5所示：

人群	目标	25年后
3%	清晰而长远	行业领袖、社会精英
10%	清晰但比较短期	中上层
60%	目标模糊	中下层
27%	没有目标	很不如意

图3-5　不同目标对人群发展的重大影响

从上图中我们可以看到，3%的人，25年间他们朝着一个方向不懈努力，几乎都成为社会各界的成功人士，其中不乏行业领袖、社会精英；10%的人，他们的短期目标不断地实现，成为各个领域中的专业人士，大都生活在社会的中上层；60%的人，他们安稳地生活与工作，但都没有什么特别成绩，几乎都生活在社会的中下层；剩下27%的人，他们的生活没有目标，过得很不如意，并且常常在抱怨他人，抱怨社会，抱怨这个"不肯给他们机会"的世界，当然，也抱怨自己。

他们之间的差别仅仅在于：25年前，他们中的一些人就已经知道自己最想要做的是什么，而另一些人则不清楚或不很清楚。"哈佛故事"生动地说明了明确目标对于人生成功的重要意义。

世上的每个人都生活在欲望中，积极的欲望一般追求的都是卓越、勤奋和向上的目标，消极的欲望一般追求的都是平庸、懒惰和随意的目标。人生目标设定的如何，将直接影响人生的发展质量。在工作中，有的人喜欢干到哪儿算哪儿，他们从来没有一个长远的计划和明确的目标，这种弱点使他们被成功挡在门外。

我们再回头看看成功者的十几年前和十几年后：

马云在上世纪九十年代，是一个为了工作而四处奔波的人，但在十年后，他成为互联网的先行者，现在已经成为身价几百亿的企业家。

雷军读完大学后，在上世纪九十年代开始闯荡计算机市场。他从22岁进入金山，一直工作到38岁，在金山工作了整整16个年头，这期间他完成了金山的IPO上市工作。2010年4月，雷军创办小米。

看他们的创业经历，我们不难发现，他们之所以能够成功，是因为他们不管从事什么工作，都是在追求卓越，定下的目标也是高标准的。

有一句话叫，你看到目标就看不到障碍，看到障碍就看不到目标。如果你把自己定位为一名推销员的话，那么你可能只会推销。但如果你把自己当作是一个爱的传递者，那你就能传递友爱和热情。

我们只有在明白这个道理之后，才能有目标地工作。

游戏演练：摸香蕉

游戏名称：摸香蕉。

最适人数：全体学员。

游戏道具：眼罩若干、香蕉（或其他可用于悬挂的水果）两只。

游戏规则：

①要在蒙着眼睛的状态下，从起点出发找到目标；

②在游戏过程中不能将自己的眼罩摘下来，偷看香蕉的位置；

③在游戏过程中不能询问他人（例如路人等）。

操作方式：

步骤1：将队伍带到一个树林或者其他合适的场地。

步骤2：宣布游戏规则。

步骤3：由教官将两只香蕉悬挂在离队伍大约100米远的树上，让学员事先清楚香蕉的位置。

步骤4：由教官发放道具，并协助学员将眼睛蒙上。

步骤5：让学员原地转圈，教官根据情况随意下达口令，例如向后转2圈、向右转5圈等。

步骤6：告诉学员其中的一个香蕉已经被摘掉。

步骤7：宣布游戏开始。

步骤8：将摘掉的那只香蕉由教官悬挂在距离学员起点最近的树上。

步骤9：监督第一个摸到香蕉的学员将香蕉吃掉。

步骤10：宣布游戏结束，集合总结。

游戏重点：

①让学员充分感受到目标对于一个人的重要意义与价值。

②让学员亲自体验实现目标时机会的重要性。

安全措施：

①防止学员在行走过程中碰到障碍物受伤。

②防止身边的其他人恶意提醒学员。

【训练步骤】（略）

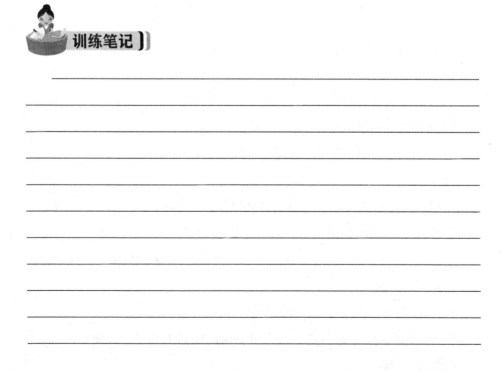

训练笔记

_____

_____

_____

_____

_____

_____

_____

_____

_____

_____

3. 设定人生目标的素质训练

理念和目的

目标对我们的成功至关重要，只知道目标的重要意义并没用，更重要的是要付诸行动。当你想要执行某项行动时，制定目标就是第一步。如果你想要一个懒人动起来，与其打他骂他，不如给他一个强大的目标，促使他行动。目标就是动力，目标就是方向，制定目标应该成为我们生活的一种习惯。怎么制定我们的目标呢？

【理念支持】

① 世界上没有懒惰的人，只有没有目标的人。

② 没有计划的目标等于没有目标。对于每一个目标，你需要设定一个你认为合适的时间计划。

③ 制定目标的方法是由终极到近期，实现目标则是由近期到终极。

④ 在实现目标的过程当中，不要放过任何一个有可能达到目标的机会，即使达不到目标，也能够积累一些成功的经验。

【训练目的】

① 帮助大学生明确地设定自己合理的人生目标。

② 分享设定目标需要遵循的五个原则：合理化、数量化、具体化、时限

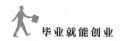

化、阶段化。

③ 完成职业生涯规划表的完整填写。

④ 帮助大学生重新找回自己，树立信心，不断实现自我目标。

像"我们成为一个帮助弱势群体子女的社会工作者"这样的目标是清晰的。目标不明确，实现目标的计划就成为个人内心冲突的开始。也就是说，如果是这样，你将面临不知道是否要达到自己目标的痛苦境地。目标要清晰到你自己能准确地知道自己要干什么。

目标设定

目标可分成许多不同种类，如：人生终极目标、长期目标、中期目标、短期目标、小目标，这么多的目标并非处于同一个位置上，它们的关系就像一座金字塔。如果你一步一步地实现各层目标，注定会取得成功；反之，你若想一步登天，那就相当困难了。

人生终极目标是统帅，是灵魂，是抽象的理念，它贯穿于你生活的每一个目标，每一个目标也都体现了人生的终极目标。比如，你希望自己能为社会作出贡献，那么无论你的学习、工作、生活都会以它为标准，学习是为作贡献做准备，工作则直接创造财富，生活上做到关心社会、服务社会。每一个目标实现的同时也实现了人生的终极目标。

人生长期目标有一定期限，它是由数个中期目标组成的，而中期目标则由数个短期目标组成，短期目标则是由日常生活小目标组成。这几类目标的关系就像一棵树，长期目标是干，中短期目标是枝，而日常小目标是叶。只有实现每一个小目标，才能实现短期目标；只有实现每一个短期目标，才能实现中期目标；只有中期目标实现了，长期目标才能实现。话虽啰嗦了一点儿，但想想你成功的历程，是不是也符合这个规律呢？

美国汽车大王亨利·福特12岁那年，随着父亲驾着马车到城里，偶然间见到一部以蒸汽做动力的车子，他觉得十分新奇，并在心中想着："既然可以用蒸汽做动力，那么用汽油应该也可以，我要试试。"

虽然这是个遥不可及的梦想，但是从那时候起，他便为自己立志，10年内完成一辆以汽油做动力的车子。

他告诉父亲说："我不想留在农场里当一辈子的农民，我要当发明家。"

然后他离开家乡到了工业大城市底特律。为了实现自己的梦想，他把自己的目标进行分解，先从一名机械学徒做起，即先认识机械。工作之余，他开始朝着第二个目标努力，利用自己学的机械知识，他每天拖着疲惫的身体从工厂下班后，还继续孜孜不倦地从事他的研发工作。就这样，不久，他的第二个目标实现了，成功地研制出一台发动机，他又向第三个目标冲去。

29岁那年，他终于成功了。在试车大会上，有记者问他："你成功的要诀是什么？"福特想了一下说："一个远大的目标，是由无数的小目标实现的。"

这好像连环套，大目标统率小目标，小目标牵制大目标，大目标是实现小目标的动力和催化剂，而小目标是实现大目标的阶梯。在目标管理体系中，就是这样彼此制约，相互影响。要制定每一步的战略目标，必须先弄清楚它们的关系和地位才行。

没有计划的目标等于没有目标，制定了目标之后要制定相应的计划。一般来讲，相对于那些大而难的目标，人们更容易完成那些小而易的目标。这给了我们足够的信心去完成大而难的目标。因为任何大而难的目标都可以分成小而易的目标。

设定你人生的航标

一个清晰的目标，应当是一个包括系列目标完成的时间表。要为每一个目标的完成定一个非常具体的时间期限。有了具体的最后期限，人们才可能按照预定的步骤实现目标，也可以通过双倍的努力在时间期限内完成目标。没有最后期限，一个本该一星期完成的目标，可能会拖一个又一个星期。

1952年7月4日清晨，在加利福尼亚海岸以西 21 英里的卡塔林纳岛上，一位43岁的女人准备从太平洋游向加州海岸。她叫费罗伦丝·查德威克。

那天早晨，雾很大，海水冻得她身体发麻，她几乎看不到护送她的船。时间一个小时一个小时的过去了，千千万万人在电视上看着。有几次，鲨鱼靠近她，被人开枪吓跑了。

15小时之后，她又累又冷。她知道自己不能再游了，就叫人拉她上船。她的母亲和教练在另一条船上，他们都告诉她海岸很近了，叫她不要放弃。但她朝加州海岸望去，除了浓雾什么也看不到……

人们拉她上船的地点，离加州海岸只有半英里！后来她说，令她半途而废的不是疲劳，也不是寒冷，而是因为她在浓雾中看不到目标。查德威克小姐一生中就只有这一次没有坚持到底。

两个月之后，她成功地游过同一个海峡。她不但是第一位游过卡塔林纳海峡的女性，而且比男子的纪录还快了大约两个钟头。

一个清晰可见的目标，是推动人奋勇向前的动力源泉。一个清晰的目标必定是可以量化的，你能准确地知道达到什么样子才算真正完成目标。如果你为自己选择的目标是"我想成为一个富人"，如果量化的话，就可以这样定义："我想拥有100万或200万。"

游戏演练：精确描述

游戏名称：精确描述。

最适人数：全体学员。

游戏道具：手中任何可盛放的物品。

游戏规则：

① 学员右手持有一件物品（如口哨、笔等物品）；

② 学员自由发挥，尽可能完整地描述学员手中的物品。

操作方式：

步骤1：将队伍带到一个宽广的地方，例如操场中央。

步骤2：学员拿出一件物品，问这是什么？

步骤3：学员开始进行描述。

步骤4：宣布结束命令。

步骤5：阐明制定目标的原则，集合总结。

游戏重点：

① 鼓励同学们踊跃发言，认真思考。

② 学员引导正确，不能偏移话题。

【训练步骤】（略）

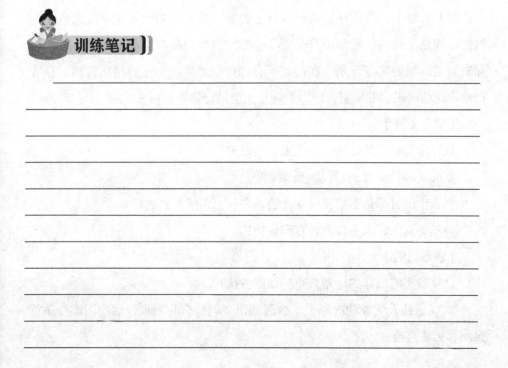

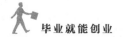

4. 实现人生目标的素质训练

理念和目的

　　计划是连结目标与目标之间的桥梁，也是连结目标和行动的桥梁。没有计划，实现目标往往可能是一句空话。计划对于人生来说相当重要，如果你在计划上失败了，那你注定会在执行上失败。没有计划的人生杂乱无章，看似忙碌却是空缺的。我们不只是要学会制定目标还要学会如何按照自己的目标来制定详细的实施计划。在制定了合理计划之后，一定要付出行动，只有行动才能结出成功的果实，因为失败总比坐以待毙要好得多。

　　【理念支持】

　　① 目标是行动的导航灯，是未来的现实。

　　② 成功=目标+计划+行动+反馈+调整。

　　③ 人生的目标是不断发展变化的，是一个系统控制的过程。

　　④ 坚持到底，永不放弃，直到成功！

　　【训练目的】

　　① 明确实施目标的计划并坚持到底去执行。

　　② 在通往人生成功的路上，会遇到很多的挫折和困难，面对困难要昂首挺胸，勇往直前。

③ 用有限的时间创造无限的价值。

目标很重要，目标的制定很重要，目标的内容很重要，目标的实施更重要。目标是行动的导航灯，没有目标，我们就不会努力，因为我们不知道为什么要努力。就像大海中的航船，如果不知道靠岸码头在哪里，加油又有什么用？

山田本一与马拉松

有时目标过大或者长期目标会让人招架不住，几周过后，我们就容易丧失动力，因为达成目标总还需几个月、几年，或者更多时间，为一个单独的目标保持长久的热情是很难的。因此每完成一个小的目标，你可以适当地庆祝一下，但把目光继续投向下一个小目标。

1984年，在东京国际马拉松邀请赛中，名不见经传的日本选手山田本一出人意外地夺得了世界冠军。当记者问他凭什么取得如此惊人的成绩时，他说了这么一句话：凭智慧战胜对手。

当时许多人都认为，这个矮个子选手是在故弄玄虚。马拉松赛是体力和耐力的运动，只要身体素质好又有耐性就有望夺冠，爆发力和速度都还在其次，说用智慧取胜确实有点勉强。

两年后，意大利国际马拉松邀请赛在意大利北部城市米兰举行，山田本一代表日本参加比赛。这一次，他又获得了世界冠军。记者又请他谈经验，山田本一性情木讷，不善言谈，回答的仍是上次那句话：用智慧战胜对手。这回记者在报纸上没再挖苦他，但对他所谓的智慧迷惑不解。

10年后，这个谜终于被解开了，他在他的自传中是这么说的：每次比赛之前，我都要乘车把比赛的线路仔细地看一遍，并把沿途比较醒目的标志画下来，比如第一个标志是银行，第二个标志是一棵大树，第三个标志是一座红房子……这样一直到赛程的终点。

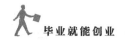

比赛开始后，我就以百米的速度奋力地向第一个目标冲去，等到达第一个目标后，我又以同样的速度向第二个目标冲去。40多公里的赛程，就被我分解成这么几个小目标轻松地跑完了。起初，我并不懂这样的道理，我把我的目标定在40多公里外终点线上的那面旗帜上，结果我跑到十几公里时就疲惫不堪了，我被前面那段遥远的路程给吓倒了。

目标有些时候其实并不是那么可怕，也不是那么难以实现，最主要的是我们没有将它进行合理的分解。只要认真地分解，我们的目标就变得相对简单了。面对复杂的问题分解目标是必须的，但实际上面对很多熟悉的工作，我们往往忽视了这个简单但作用巨大的有效方法！

美国总统林肯的简历

一个人会遇到许许多多的困难，可问题是坚持下去还是放弃。可能很多人都会选择放弃。可是放弃的人永远都会呆在别人的嘲笑当中，而坚持下去的人不管有没有成功，都会受到所有人的尊重。

只要心中有目标，就有信念，有信念，就有希望。希望在，无论遇到什么事情，都不会轻易放弃。

1816年，林肯一家人被赶出了居住的地方；1818年，他母亲去世；1831年，他经商失败；1832年，他竞选州议员但落选了；1832年，他丢了工作，想就读法学院，但进不去；1833年，向朋友借钱经商，但年底破产了，接下来他花了十六年，才把债还清；1834年，再次竞选州议员，他赢了！

1835年，准备结婚时，未婚妻却不幸去世，因此他的心也碎了；1836年，他的精神完全崩溃，卧病在床六个月；1838年，争取成为州议员的发言人，他没有成功；1840年，争取成为选举人，他又失败了；1843年，参加国会议员大选，他落选了；1846年，再次参加国会议员大选，这次他当选为众议员！前往华盛顿特区，表现可圈可点；1848年，寻求国会议员连任，他又失败了！

1849年，想在自己的州内担任土地局长的工作，被拒绝了！1854年，竞选美国参议员，他落选了；1856年，在共和党的全国代表大会上争取副总统的提名，他得票不到一百张；1858年，再度竞选美国参议员，他再度落败；1860年，他当选美国总统。

"此路艰辛而泥泞。我一只脚滑了一下，另一只脚也因而站不稳；但我缓口气，告诉自己——这不过是滑一跤，并不是死去而爬不起来。"——林肯在竞选参议员落败后如是说。

实现目标的最大秘密就是坚持到底，永不放弃。有些事情不是看到希望才去坚持，而是坚持了才看得到希望。在成功的过程中，持之以恒非常重要，面对挫折时，要告诉自己：坚持，再来一次。因为这一次失败已经过去，下次才是成功的开始。

给自己定一个目标，就让自己有了坚强的理由。目标在，信念在，希望也在，有希望就有成功。每天给自己一个希望，就是每天给自己一个目标，给自己一个信心，给自己一点激发生命激情的催化剂，给自己人生一个美好的支撑点。影响我们人生的绝不仅仅是环境，其实是心态在控制一个人的行动和思想。同时，心态也决定了一个人的视野、事业和成就，甚至一生。

游戏演练：蛙跳

游戏名称：蛙跳。

最适人数：全体学员。

游戏道具：无。

游戏规则：

① 全体学员从出发点跳到终点；

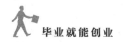

② 当听到哨声后方能向前跳出，听到几声，向前跳几步；

③ 当学员在蛙跳的过程中，起立时，或是下蹲不到位时，则要求学员从起点重新开始跳。

操作方式：

步骤1：将队伍带到一个宽阔的地方，例如操场中央。

步骤2：宣布游戏规则，教官负责监督。

步骤3：训练过程中，教官要不断的鼓励，适当的打击，激励学员完成目标。（集合学员到一边讲述）

步骤4：宣布开始命令。

步骤5：宣布结束命令，集合总结。

游戏重点：

① 蛙跳的过程中合理鼓励，适当打击。

② 在蛙跳的过程中，教官要不断的启发实现目标的方法和技巧。（跌倒了再爬起来；坚持到底，直到成功；克服种种痛苦与困难）。

安全措施：

① 注意学员蛙跳的动作，避免动作过大或是过快而引起安全事故。

② 注意时刻关注学员状态，稍有不适，就马上解决。

③ 检查场地是否具有尖利物品或是其他致伤物品。

【训练步骤】（略）

第四章

职场过关斩将，基本能力是基础

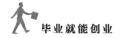

1. 应聘求职，能力和技巧不可少

　　大学生在求职时，面试是必不可少的重要环节。现代企业在招聘时，对应聘者的要求是一定要有能力。不过，一个人的能力再强，也不可能在短短的面试十几分钟中显露出来。所以，大学生要想让自己的能力真实地呈现在面试官前，就必须懂得面试技巧。

临渊羡鱼，不如退而结网

　　山不在高，有仙则名。求职时，不顾自身条件，一味地唱高调，意味着人为地为自己设置了求职障碍。临渊羡鱼，不如退而结网，也可以超前把自己"推销"出去。以下是一则用成果证明能力的成功案例。

　　汪力是市场营销专业的大四学生。春节过后，已进入大学最后实习阶段的他，和众多学友一样开始寻找工作。在准备找工作前，他认真地规划了自己的职业方向，最后决定选择市内某大型商场品牌家电的销售岗位。

　　有了职业方向，他在参加大型招聘会时，就显得很淡定。为了让自己应聘成功，他利用招聘会前的一周时间，详细地对那家大型商场的品牌家电产品做了细致的市场调查，从市场份额、产品性能到竞争对手等各方面的情况都做了详细了解，并拿出了一份详实的市场调研报告。

事实证明，他的准备是非常重要的，即便是面对各个高校的众多高学历的竞争者，他仍然能够凭借着详细的准备工作取胜，成为该商场的销售员。

汪力的成功就业，取决于他用自己的成果向公司证明了自己的能力。他针对目标公司和岗位，结合自己的专业知识，提供了可行性调研报告。用人单位最希望的就是招聘到的人能实实在在干工作，能给单位创造价值。

无论你是刚走出校门的大、中专毕业生，还是待业青年，或是准备跳槽的择业人员，要想找到一份合适的工作，你必须像汪力这样找出求职的方法。

如何才能求职成功，向大家提供一些方法，如图4-1所示，希望能对求职者有所帮助。

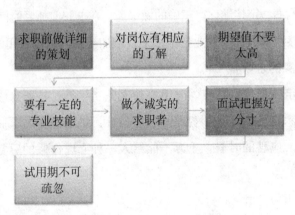

图4-1　求职成功的一些小技巧

◆ 求职前做详细的策划

这份策划包括你对自身能力的评估，对准备应聘的职位所需能力的了解，同时还要知道竞争对手主要是哪一类人，他们和你相比，有哪些优势和劣势。同时还应确定好求职的渠道，如：是通过网上求职还是通过传统的渠道求职？或是两种方法相结合去求职？又或是通过自荐的方式去求职？这些都需根据个人的实际情况决定。

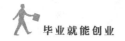

◆ **对要应聘的岗位有相应的了解**

在面试时，很多招聘人员会问你："你对这个职位了解么？"求职者只有对自己应聘的岗位有一定的了解，才能围绕自己应聘的岗位写出有针对性的简历，并在面试时提出相关的独到见解，为自己求职成功增加法码。

◆ **期望值不要太高**

大多数求职者在找工作前都对未来的职业有一番设想，比如，优越的工作环境、丰厚的收入待遇、尽情发挥个人才能的发展空间等等。可这只是你个人的主观设想，与现实的职位还是有一定的距离。所以，求职者一定要想办法摒弃找工作时眼高手低等不切实际的做法，及时调整好自己的心态，切合实际定目标，才有助于求职成功。

◆ **要有一定的专业技能**

有研究显示：对一般求职者来说，如果专业技能水平不高，即使专业对口，用人单位也不一定接纳你。正确的做法是，在求职前抓紧时间为自己"充电"，这样能够让自己提高专业技术水平，增加被用人单位录用的概率。

◆ **做个诚实的求职者**

求职者一定要记住，在应聘时不要被文凭、年龄、技能等级所累，向用人单位充分展示自己的才华、智慧和敬业精神，做个诚实的求职者，成功就在前面等着你。应聘的时候，千万不能给人一种弄虚作假的感觉，否则你一定没有成功的机会。

◆ **面试把握好分寸**

求职者在面试时不能过于被动，应尽量讲述你曾做过的某个成功的个案，以此表现你的才能。同时，面试时忌握手无力，靠考官过近；忌坐立不安，举止失当；忌言语离题，说话太急；忌言语粗俗，反应迟钝。

◆ **试用期也不可疏忽**

试用期间，求职者应珍惜来之不易的机会，严格要求自己，以饱满的敬业精神、优异的工作成绩回报用人单位。如果你在试用期内马马虎虎，被辞退的可能性很大。很多人求职失败不是败在面试上，而是败在试用期内。

面试环节的案例分析

一般而言，面试阶段很关键。由于面试的形式多种多样，也可能会有好几轮面试，你可能会单独面对两个以上的面试官，也可能和其他应试者一起面试。在不同的情况下，你需要有不同的对策，但你首先要做到的就是，在任何情况下都不要慌张。

文英面试的公司在男朋友公司附近，于是，面试当天，她的男朋友特意陪她去面试，在一楼的大厅里等她。

面试过程中，有一位考官问她："你现在有没有男朋友？"

文英心里一惊，一时不知道该如何回答。此时，她想起一位师姐分享的面试经验，师姐说：当遇到面试官问自己男女朋友问题时，不管有没有都要一口咬定"无"，可文英总觉得自己这样说谎，不管是对男朋友，还是对面前的考官，都觉得内心有愧。

她稍一犹豫后，镇静地回答："我有男朋友了，只是我们刚恋爱，还不到一个月。"

文英的回答，让面试官很满意。

很多大学生对面试官问关于"有没有男女朋友"这一问题犯愁，觉得不知道如何回答。其实，面试官的初衷是希望了解你以后工作的稳定性。一般来说，如果企业如果真的打算录用你，跟你有没有男女朋友没有任何关系。

来自名校的大四学生周晴，在参加了几场招聘会后，心里没底儿了。原来，在面试时，几乎每一个公司的面试官都会问她："你希望的待遇是多少？"

因为事前她没有了解这方面的情况，所以不太清楚。一开始她回答时就是根据自己的需求，回答的是8000元。在遭受几次面试失败后，她向跟她一

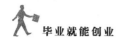
起面试的人问过后，得知自己要的太高了。于是，她在接下来的面试时，会把期望的薪水数目减少。

由于心里没底，她常常在面试官面前显得被动，导致她一次次地失去工作机会。

薪水问题是面试中绕不过的问题。如果对薪酬要求太低，那显然贬低了自己的能力；如果对薪酬要求太高，那又会显得自己自视过高，公司用不起。许多毕业生于是避实就虚：不做正面回答，强调自己最感兴趣的是工作的机会。然而这样中性的回答往往不能让面试官满意。职场专家建议，求职者最好多方了解一下相关资料，配合个人的经验、能力等条件，作出最基本的薪资底限。

陈然是知名大学的研究生，他应聘的是设计岗位，面试采用无领导小组讨论的形式进行，他所在的那一组5人，分别来自全国各地的大学，竞争对手多是名校的高材生。他优秀的论辩能力让陈然在讨论中显露优势，成为小组里极为活跃的一员。

当讨论即将结束的时候，面试官让他们这组推荐一个人出来，提出一个他们想问的问题。陈然没有想到还有这"面试最后一问"，之前也没有作相关准备，于是，只好把到手的机会拱手让给了别人。

在面试中，许多面试官在最后会问一句："你还有什么问题吗？"这句话看似无足轻重，实则是最不可忽视的问题。求职者要把握好这个机会充分展示自己的与众不同。其实这个问题，只要求职者意识到了，是可以提前准备的，通过翻阅公司的资料，提出有价值的问题并不难。但如果你轻率地说"没有"，那么你将失去一次难得的机会。

大学生面试20个经典问题

面试是大学生就业的关键一关，要知己知彼，才能百战不殆。下面是由著名的职业生涯规划专家向大家介绍的面试问题，你需要提前准备好，并考虑如何去回答。在面试的时候做到灵活运用。

◆ **问题一：请你自我介绍一下**

思路：

① 这是面试的必考题目。

② 介绍内容要与个人简历相一致。

③ 表述方式上尽量口语化。

④ 要切中要害，不谈无关、无用的内容。

⑤ 条理要清晰，层次要分明。

⑥ 事先最好以文字的形式写好背熟。

◆ **问题二：谈谈你的家庭情况**

思路：

① 家庭情况对于了解应聘者的性格、观念、心态等有一定的作用，这是招聘单位问该问题的主要原因。

② 简单地罗列家庭成员。

③ 宜强调温馨和睦的家庭氛围。

④ 宜强调父母对自己教育的重视。

⑤ 宜强调各位家庭成员的良好状况。

⑥ 宜强调家庭成员对自己工作的支持。

⑦ 宜强调自己对家庭的责任感。

◆ **问题三：最能概括你自己的三个词是什么?**

思路：

我认为自己适应能力强、有责任心、做事有始终。结合具体例子向主考官解释，让他们觉得你具有发展潜力。

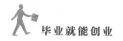

◆ 问题四：你有什么业余爱好？

思路：

① 业余爱好能在一定程度上反映应聘者的性格、观念、心态，这是招聘单位问该问题的主要原因。

② 最好不要说自己没有业余爱好。

③ 不要说自己有那些庸俗的、令人感觉不好的爱好。

④ 最好不要说自己仅限于读书、听音乐、上网，否则可能令面试官怀疑应聘者性格孤僻。

⑤ 最好能有一些户外的业余爱好来"点缀"你的形象。

⑥ 找一些富于团体合作精神的爱好。这里有一个真实的故事：有人被否决掉，因为他的爱好是深海潜水。主考官说：因为这是一项单人活动，我不敢肯定他能否适应团体工作。

◆ 问题五：你最崇拜谁？

思路：

① 最崇拜的人能在一定程度上反映应聘者的性格、观念、心态，这是面试官问该问题的主要原因。

② 不宜说自己谁都不崇拜。

③ 不宜说崇拜自己。

④ 不宜说崇拜一个虚幻的或是不知名的人。

⑤ 不宜说崇拜一个明显具有负面形象的人。

⑥ 所崇拜的人最好与自己所应聘的工作能"搭"上关系。

⑦ 最好说出自己所崇拜的人有哪些品质和思想感染着自己、鼓舞着自己。

◆ 问题六：你的座右铭是什么？

思路：

① 座右铭能在一定程度上反映应聘者的性格、观念、心态，这是面试官问这个问题的主要原因。

② 不宜说那些易引起不好联想的座右铭。

③ 不宜说那些太抽象的座右铭。

④ 不宜说太长的座右铭。

⑤ 座右铭最好能反映出自己某种优秀品质。

⑥ 参考答案——"只为成功找方法，不为失败找借口"。

◆ 问题七：谈谈你的缺点

思路：

① 不宜说自己没缺点。

② 不宜把那些明显的优点说成缺点。

③ 不宜说出严重影响所应聘工作的缺点。

④ 不宜说出令人不放心、不舒服的缺点。

⑤ 可以说一些对于所应聘工作"无关紧要"的缺点，甚至是一些表面上看是缺点，从工作的角度看却是优点的缺点。绝对不要自作聪明地回答"我最大的缺点是过于追求完美"，有的人以为这样回答会显得自己比较出色，但事实上，他已经岌岌可危了。

◆ 问题八：谈一谈你的一次失败经历

思路：

① 不宜说自己没有失败的经历。

② 不宜把那些明显的成功说成是失败。

③ 不宜说出严重影响所应聘工作的失败经历。

④ 所谈经历的结果应是失败的。

⑤ 宜说明失败之前自己曾信心百倍、尽心尽力。

⑥ 说明仅仅是由于外在客观原因导致失败。

⑦ 失败后自己很快振作起来，以更加饱满的热情面对以后的工作。

◆ 问题九：有想过创业吗？

思路：

这个问题可以显示你的冲劲，但如果你的回答是"有"的话，千万小心，下一个问题可能就是"那么为什么你不这样做呢？"

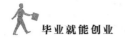

◆ **问题十：你参加过义务活动吗？**

思路：

现在就着手做一些义务活动，不仅仅是那些对社会有贡献的，还要是你的雇主会在意的，如果他们还没有一个这样的员工，那么你会成为很好的公关资源。

◆ **问题十一：你为什么选择我们公司？**

思路：

① 面试官试图从中了解你求职的动机、愿望以及对此项工作的态度。

② 建议从行业、企业和岗位这三个角度来回答。

③ 参考答案——"我十分看好贵公司所在的行业，我认为贵公司十分重视人才，而且这项工作很适合我，相信自己一定能做好。""我来应聘是因为我相信自己能为公司作出贡献，而且我的适应能力使我确信我能把职责带上一个新的台阶"。

◆ **问题十二：对这项工作，你有哪些可预见的困难？**

思路：

① 不宜直接说出具体的困难，否则可能令对方怀疑应聘者不行。

② 可以尝试迂回战术，说出应聘者对困难所持有的态度——"工作中出现一些困难是正常的，也是难免的，但是只要有坚忍不拔的毅力、良好的合作精神以及事前周密而充分的准备，任何困难都是可以克服的。"

◆ **问题十三：如果我录用你，你将怎样开展工作？**

思路：

① 如果应聘者对于应聘的职位缺乏足够的了解，最好不要直接说出自己开展工作的具体办法。

② 可以尝试采用迂回 战术来回答，如"首先听取领导的指示和要求，然后就有关情况进行了解和熟悉，接下来制定一份近期的工作计划并报领导批准，最后根据计划开展工作。"

◆ 问题十四：与上级意见不一样，你将怎么办？

思路：

① 一般可以这样回答"我会给上级以必要的解释和提醒，在这种情况下，我会服从上级的意见。"

② 如果面试你的是总经理，而你所应聘的职位另有一位经理，且这位经理当时不在场，可以这样回答："对于非原则性问题，我会服从上级的意见，对于涉及公司利益的重大问题，我希望能向更高层领导反映。"

◆ 问题十五：我们为什么要录用你？

思路：

① 应聘者最好站在招聘单位的角度来回答。

② 招聘单位一般会录用这样的应聘者：基本符合条件、对这份工作感兴趣、有足够的信心。

③ 如"我符合贵公司的招聘条件，凭我目前掌握的技能、高度的责任感和良好的适应能力及学习能力，完全能胜任这份工作。我十分希望能为贵公司服务，如果贵公司给我这个机会，我一定能成为贵公司的栋梁！"

◆ 问题十六：你能为我们做什么？

思路：

① 基本原则上"投其所好"。

② 回答这个问题前应聘者最好能"先发制人"，了解招聘单位期待这个职位所能发挥的作用。

③ 应聘者可以根据自己的了解，结合自己在专业领域的优势来回答这个问题。

◆ 问题十七：你是应届毕业生，缺乏经验，如何能胜任这项工作？

思路：

① 如果招聘单位对应届毕业生的应聘者提出这个问题，说明招聘单位并不真正在乎"经验"，关键看应聘者怎样回答。

②对这个问题的回答最好要体现出应聘者的诚恳、机智、果敢及敬业。

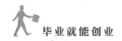

③如"作为应届毕业生，在工作经验方面的确会有所欠缺，因此在读书期间我一直利用各种机会在这个行业里做兼职。我也发现，实际工作远比书本知识丰富、复杂。但我有较强的责任心、适应能力和学习能力，而且比较勤奋，所以在兼职中均能圆满完成各项工作，从中获取的经验也令我受益非浅。请贵公司放心，学校所学及兼职的工作经验使我一定能胜任这个职位。"

◆ **问题十八：你希望与什么样的上级共事?**

思路：

① 通过应聘者对上级的"希望"可以判断出应聘者对自我要求的意识，这既是一个陷阱，又是一次机会。

② 最好回避对上级具体的希望，多谈对自己的要求。

③ 如"作为刚步入社会的新人，我应该多要求自己尽快熟悉环境、适应环境，而不应该对环境提出什么要求，只要能发挥我的专长就可以了。"

◆ **问题十九：告诉我三件关于这公司的事情。**

思路：

你应该知道十件和公司有关的事情，他问你三件你回答四件，他问你四件你回答五件。说几件你知道的事，其中至少有一样是"销售额为多少多少"之类。

◆ **问题二十：你为什么还没找到合适的职位呢?**

思路：

别怕告诉他们你可能会有的聘请，千万不要说"我上一次面试弄得一塌糊涂……"，指出这是你第一次面试。

2. 提高竞争意识的素质训练

理念和目的

结合"欲望改变"训练内容，确保学员真诚地愿意开始改变自己，真心地想要突破自我。促使学员在学校、社会的竞争中脱颖而出，做到真正的优秀。

【理念支持】

① 大鱼吃小鱼的游戏已经过去了，迎接我们的则是快鱼吃慢鱼的游戏。

② 长久的竞争不仅取决于能力的大小，还取决于一个人道德与品质的修养。

③ 机会对每个人都是平等的，弱者等待机会，智者把握机会，强者创造机会。

④ 没有实力就没有魅力，市场经济是竞争经济，优胜劣汰，要想成为成功者就要练就自我。

【训练目的】

① 选出二十一天习惯养成式素质训练营的各单位领导（结合实际情况推选出营长、排长、班长等）。

② 提升大学生的竞争意识和竞争观念。

③激发大学生挑战自我的决心和勇气。

④拉近大学生理想和现实的差距，以现实为出发点，实事求是。

大学生普遍存在竞争意识淡薄的问题，如何加强和培养他们拥有良好的竞争意识，以适应当代社会的需要，就显得越来越重要。竞争的社会，需要有竞争意识的人才，培养具有健康竞争意识的大学生是时代赋予教育者的历史使命。

狮子和羚羊

早在几千年前就有人说过这样一句话：生于忧患，死于安乐！而自然界狮子和羚羊的生存竞争，对这句话进行了很好的诠释。

在古老的非洲大草原上，新一轮的太阳正冉冉升起，当金色的曙光照在一只狮子身上时，狮子醒来了，它抖了抖身上的毛，望着太阳对自己说："今天我要不停地跑，追上跑得最慢的羚羊，把他吃掉。"在同一时候，一只羚羊醒来了，它望着升起的太阳对自己说："今天我要不停地跑，成为跑得最快的羚羊，只有这样，才不会落在后面，让狮子吃掉。"在大草原上，羚羊在不停地向前跑，狮子也在不停地向前跑……

无论是自然界的狮子、羚羊，还是现代社会中，大家为了生存，只有不停地向前跑，才不会被淘汰。

在竞争激烈的现代社会，我们只有在每天早上对自己说：如果我跑得慢，我就会被吃掉，如果我跑不快，我就会饿死！否则，就真的被生存竞争的法则强行甩在游戏之外！

梅花鹿的故事

英国著名的生物学家达尔文曾提出过一个震惊世界的学说——进化论。

其精髓就在于"物竞天择，适者生存"，其中，最重要的、最关键的字眼就在于"竞"。竞争，就是互相争胜，互相较量，在一切的人类行为中争得制先权，从而促进自身的更优发展。

国外有一家森林公园曾养殖有几百只梅花鹿，尽管环境幽静，水草丰美，又没有天敌，但令人们惊奇的是，在几年以后，这个鹿群非但没有发展，反而是病的病，死的死，居然出现了负增长。

于是，有人提议把鹿的天敌狼放到鹿群中。几天后，饲养员把买来的几只狼放置在公园里，在狼的追赶捕食下，鹿群为了逃命，必须让自己跑得越来越快。这样一来，除了那些老弱病残者被狼捕食外，其他鹿的体质日益增强，数量也迅速地增长着。

狼的出现，会让梅花鹿时刻清楚狼的位置和同伴的位置。跑在前面的梅花鹿可以得到更好的食物，跑在最后的梅花鹿就成了狼的食物。按照市场规则，给予"头鹿"奖励，让"末鹿"被市场淘汰。

流水不腐，户枢不蠹。无论是动物，还是人类，都天生有一种惰性，若没有竞争，我们就会在自己的安乐窝里固步自封，躺在功劳簿上睡大觉，久而久之，就变成了温水里的青蛙。所以，要想让自己变得强大，就得像鹿那样，拥有竞争对手。

游戏演练：竞选各单位干部

游戏名称：竞选各单位干部（班长、排长、连长、营长等）。

最适人数：12人为一班，24人为一排，48人为一连，96人为一营。

游戏道具：无。

游戏规则：

①公平、公正、公开；

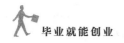

② 自愿竞选；

③ 投票时参加竞选的同学背对学员，由学员自由站在其后，身后学员数量多者为当选职位人。

操作方式：

步骤1：由总教官负责选出营长1人（根据情况可选出正副营长）。

步骤2：由营长、副营长负责选出两个连的正副连长各一名。

步骤3：由正副营长监督，正副连长分别选出两个排的正副排长各一位。

步骤4：由正副排长负责选出两个班的班长各一位。

步骤5：宣布结束命令，进行总结。

游戏重点：

① 鼓励同学们踊跃参加竞选，增加经验。

② 鼓励第一次竞选失败的同学再次鼓起勇气，不要放弃，再次竞选。

安全措施：

① 避免学员在争取竞选机会时发生争斗。

② 避免学员在争取机会时，跑步速度过快，造成学员跌倒致伤。

③ 避免因学员拥挤造成踩踏或碰撞致伤。

训练步骤：

第一环节：有氧训练

注意：开场、跑步要求、口号要求，强调队列队形。

第二环节：自我激励

自我激励内容：自我激励一、自我激励二、自我激励三、自我激励四、自我激励五。（见附录）

注意：强调手势，语速的轻重缓急。

第三环节：情景模拟

各单位干部竞选，营长、正副连长、正副排长、班长。

第四环节：分组讨论

以排为单位进行讨论，由排长组织讨论，并选出当天感悟发言的学员

（根据实际情况1～2位）。

讨论内容：

竞争对一个人获得成长的重要性；机会对于每个人的公平性；对当今社会竞争的深刻理解。

注意：根据实际时间安排，如时间不充足此环节可省略。

第五环节：学员感悟

步骤1：进行启发引导，一般为2～3分钟。

步骤2：给各个竞选成功的学员每人一分钟的时间（根据情况可缩短到30秒）进行就职演说。

注意：如果此处进行了第四个环节分组讨论的内容，可让学员进行感悟发言。

第六环节：总结训练

步骤1：紧扣第三节所讲的训练目的和理念支持，简明阐述即可。

步骤2：强调如何填写感悟表和感悟表的收交规定，可选择1～2份写得比较好的感悟表进行宣读。

步骤3：结束口号。

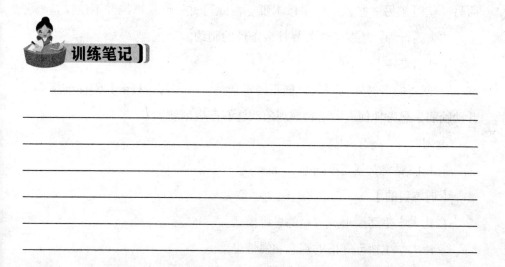

训练笔记

_____

_____

_____

_____

_____

_____

_____

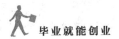

3. 培养创新思维的素质训练

理念和目的

有一位创新学家曾经说：一个人运用创新思维的次数，与运用后受到奖励的次数成正比；与运用后受到惩罚的次数成反比。在某种社会条件下，人们习惯于鼓励和奖赏创新思维；而在另外一些社会条件下，人们则习惯于压制并惩罚创新思维。因此，同样是人类的头脑，有时候有的人创新如涌泉，而另一些时候另一些人则僵呆像木瓜。由此可见，创新思维并不仅仅是一种个人的头脑行为，还要受到外界社会条件的制约。

【理念支持】

① 创新的素材随处可见，创新的机会是无穷多的，只要我们仔细观察，开动脑筋，思考任何一种事物或现象都能够产生创新。

② 创新并不等于创高。

③ 我们要建立创新型国家。

【训练目的】

① 让大学生逐渐形成创新的思维模式。

② 让大学生摒弃守旧的观念和惯性思维。

③ 让大学生理解创新思维在生活和学习中的优势。

④ 帮助大学生建立发散思维模式。

创新是人类的希望，民族的希望。从钻木取火到蒸汽机的发明，从烽火台的狼烟到现代互联网技术，一部人类文明史，就是一部不断超越、不断创新的历史。实践告诉我们：在学习上，创新思维就是脑子灵；在工作上，创新思维就是办法多；在事业上，创新思维就是思路宽。

创新需要换位思考

创新需要换位思考，有时候一个问题，往往搜肠刮肚百思不得其解，这很可能不是技术的问题而是思维方式的问题。换位思考才能发现破绽，防患于未然。换位思考才能相互理解，和谐共事。换位思考才能不分领域，交流启迪。换位思考才能集思广益，完善升华。换位思考才能改变观念，革故鼎新。

一个牧师正在准备讲道的稿子，他的小儿子却在一边吵闹不休。牧师无可奈何，便随手拾起一本旧杂志，把色彩鲜艳的插图——一幅世界地图，撕成碎片，丢在地上，说道："小约翰，如果你能拼好这张地图，我就给你2角5分钱。"

牧师以为这样会使约翰花费上午的大部分时间，但是没过10分钟，儿子又来敲他的房门。牧师看到约翰如此之快地拼好了一幅世界地图，感到十分惊奇："孩子，你怎么这样快就拼好了地图？"

小约翰说："这很容易。在另一面有一个人的照片，我就把这个人的照片拼到一起，然后把它翻过来。我想如果这个人是正确的，那么，这个世界也就是正确的。"牧师微笑起来，给了他的儿子2角5分钱。"你替我准备了明天讲道的题目：如果一个人是正确的，他的世界也就会是正确的。"

要换位思考，就是把自己看作是对方，再用别人的眼光看问题。二战时

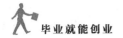

期，美国的蒙格利特将军，别出心裁地将对手的照片摆放在自己的办公桌上，别人对他这种有违常理的做法迷惑不解。将军却说："我摆放敌人的照片，时常把自己想象成是敌人，想象如果我是他，下一步会怎样做。"正是由于蒙格利特将军非常规地换位思考，让他在多次战役中获胜。由此可见，换位思考，站在对方角度揣摩自己，这是聪明的举动、智者的行为。

①如果你的心态是积极的，你的生活也会是快乐的；如果你的心态是消极的，那么，生活也会是忧伤的。积极的心态会给你的工作学习等带来良好的收益，消极的心态会影响你的情绪、生活，会阻碍你事业的发展，阻挡你成功的脚步！还是那句话，如果你想改变你的世界，改变你的生活，首先就应改变你自己。

②有时当你步入一个迷阵的时候不妨换位思考一下，定有新的收获。工作遇到挫折，受到领导或同事批评，要学会包容和换位思考。如果一天工作下来，你变得疲惫不堪，请不要生气，换个角度看，付出努力肯定会有所收获。

蜜蜂和苍蝇

成功与失败、富有与贫穷只不过是一念之差。你的能力或许比他们强，你的资金或许比他们多，你的经验或许比他们丰富；可是就是因为你当初的一念之差，决定了当初你不会去做，你的观念决定了你在十年后的今天贫穷依旧。

有科学家做过这样一个试验：他把六只蜜蜂和六只苍蝇装进一个玻璃瓶中，然后将瓶子平放，让瓶底朝着窗户。结果看到蜜蜂不停地想在瓶底上找到出口，一直到它们力竭倒毙或饿死；而苍蝇则会在不到两分钟的时间内，穿过另一端的瓶颈逃逸一空。

是什么原因导致这两种结果，是蜜蜂和苍蝇的不同思维！对蜜蜂来说，光线最明亮的地方就是可以自由飞翔的空间，这是它们的习性，因而它们不停地重复着这种合乎逻辑的行动；而那些不按套路出牌的苍蝇则对事物的逻辑毫不留意，既然亮光处飞不出去，不妨四处碰碰运气，结果获得自由和新生。

同一环境，不同的思维决定了不同的生存状态及命运。在这个竞争激烈而又千变万化的世界上，我们必须有新的观念、新的方法、新的发明、新的创造、新的赚钱之道、新的理财技巧……我们才能立于不败之地！

从这一点来看，成功需要勇于创新，成功需要换位思考，成功需要永不止步，才能做出更大的贡献。所以说，只有探索创新，敢于打破常规，我们才能不断走上成功之路！

游戏演练：发散思维模式建立

游戏名称：发散思维模式建立。

最适人数：以排为单位（一般为15人左右）。

游戏道具：无。

游戏规则：

① 各排围成一个圆，选择一个学员坐在圆的中间；

② 其他学员给该学员进行简单的装饰；

③ 对需装饰的学员，每位学员发挥想象，进行描述。

操作方式：

步骤1：将队伍带到一个宽广的地方，例如操场中央。

步骤2：讲清楚游戏规则。

步骤3：由各排长或是教官将队伍带开。

步骤4：教官宣布开始命令。

步骤5：宣布结束命令，集合总结。

游戏重点：

鼓励学员发挥想象力。

安全措施：

① 时刻关注学员状态，避免安全事故发生。

② 避免学员在装饰过程中发生肢体碰撞。

【训练步骤】（略）

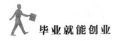

训练笔记

第五章

沟通和社交能力，一个也不能少

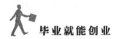

1. 沟通反映一个人的应变能力

沟通过程中，一个人的应变能力能够很好地展现一个人的情商与智商，当双方的言语行为出现突发或意外情况时，需要迅速而又恰当地做出反应并进行处理。对于大学生来说，沟通能力，是能给应聘企业留下好印象的基本素质，而且还是你应变能力的外在表现。

大学生在社交中存在的问题

据中科院心理素质调查报告显示：大学生中不善社交者占80%以上。有些大学生走上社会，因社交能力差而无法适应错综复杂的社会，导致心理严重扭曲，造成很多社会问题。

纵观大学生的人际交往现状，主要存在三个比较突出的问题，如图5-1：

◆ **性格缺陷**

有一些大学生从上大学开始就矜持孤傲、目空一切、独来独往，狭隘自私的性格在校园人际交往中暴露得淋漓尽

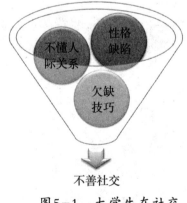

图5-1 大学生在社交中存在的三个问题

致，让周围的人都无法与之接近；还有一些大学生向来性格内向、不善言谈，同学之间都不知道说什么好，感觉总是没话题。胆小、害羞、内向、孤僻、怀疑他人、不喜欢参与社交活动、对人冷淡等，这些自身性格方面的缺陷，都不利于大学生建立良好的人际关系。

◆ 不懂得怎样建立良好的人际关系

很多大学生带着建立良好的人际关系期望与同学来往，但由于不知道建立良好人际关系的正确方法，结果往往事与愿违，不仅同学之间弄得关系糟糕，师生之间关系也不和谐，而同寝室同学之间更是问题重重。几个回合下来，这些大学生便失去了耐心和宽容，一再抱怨，人与人之间太难相处了，倍感人际交往的复杂。与此同时，大学生们的交往触角又大大延伸，伸向了校外，伸向了社会，渴望从这些"无字之书"中获得真正意义上的交往体验和真知灼见。然而，一室难以交往，何谈走向社会呢？

◆ 人际交往中缺乏技巧

交往中语言艺术和互动技巧的缺乏，认知偏差、不讲究原则等等，带给大学生很多困惑和打击。有的大学生在毕业找工作时，笔试关过了，而面试却没有过，究其原因，则在于语言表达无艺术性，在面试中社交技能欠缺。美国心理学家巴克说："人生需要友情，人生需要交往，人生需要自我的形象推销与展示。"不论是在校园里还是将来从事任何工作，大学生都必须学会处理各种人际关系，学会人生的公关。

应届毕业生最欠缺的是沟通能力

应届毕业生刚入职场最大的优点是工作热情高涨，但他们缺乏社会经验，与他人沟通能力欠缺，经常遇到因为沟通不到位产生误会而影响工作的事。

亚宁刚从名校管理专业硕士毕业，应聘某大型企业市场管理部，刚开始

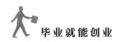
工作，他就发现销售数据很难及时反馈到管理部门，于是他着手对销售报表程序进行改革，他借鉴跨国公司的销售报表，设计了一个非常完美的销售报表，从报表中可以看出销售的每个细节。

他要求销售人员每天将销售数据交他手中，开始几天，他看到手中数据很高兴，但过几天还是出现了问题，但他的报表根本没有反映出问题在哪里，这时他才知道自己手中报表的数据都是销售员随便填的虚假数据。

他觉得自己经常开会强调报表的重要性，为什么效果一直不好？

亚宁的烦恼估计是很多初入职场年轻人的烦恼。很多刚入职场的年轻人凭着自己的工作热情和书本上学来的知识，没了解本企业的具体情况，就开始进行改革，殊不知，这样的改革往往是失败的。亚宁的失败就在于他没有和销售员很好沟通，销售员根本没有理解亚宁改革的目的，销售员认为亚宁所要的数据和他们没有任何关系，还给他们增加了工作量，所以大家没有配合他工作。试想如果亚宁将报表与销售业绩奖金挂钩，那销售员的配合度是不是就会好？

所以，我们在沟通中，不要认为所有人都能和自己的想法一致，我们要用对方能听得懂的"语言"去沟通，站在对方的角度想问题，这样才能和对方进行有效的沟通。

沟通要注意语言艺术的运用

语言艺术运用得好，就能吸引和抓住对方，调动彼此倾谈的激情、兴趣，从内容到形式适应对方的心理需要、知识经验、双方关系及交往场合，使交往关系密切起来。掌握人际沟通的语言艺术方法，如图5-2：

图5-2 运用语言艺术的几个关键

◆ **称呼得体**

称呼反映出人们之间心理关系的程度。恰当得体的称呼，使人能获得一种心理满足，使对方感到亲切，交往便有了良好的心理气氛；称呼不得体，往往会引起对方的不快甚至反感，使交往受阻或中断。所以，在交往过程中，要根据对方的年龄、身份、职业等具体情况及交往的场合、双方关系的亲疏远近来决定对方的称呼。对长辈的称呼要尊敬，对同辈的称呼要亲切、友好，对关系密切的人可直呼其名，对不熟悉的要用敬语。

◆ **说话注意礼貌**

正确运用语言，表达清楚、生动、准确、有感染力、逻缉性强，少用俚语和方言，切忌平平淡淡，滥用词藻，含含糊糊；语音、语调、语速要恰当，要根据谈话的内容和场合，采取相应的语音、语调和语速；讲笑话要注意对象、场合、分寸，以免笑话讲得不得体，伤害他人的自尊心。

◆ **适度地称赞对方**

每个人都希望别人赞美自己的优点。如果我们能够发掘对方的优点，进行赞美，对方会很愿意与你多沟通。但是赞美要适度，要有具体的内容，绝不能曲意逢迎。真诚的赞美往往能获得意想不到的效果。

◆ **避免争论**

青年大学生喜欢争论，这对人际关系的有害影响是显而易见的。因此大学生要尽量避免争论，而要通过讨论、协商的途径解决分歧。最终要以"求同存异"的方式，既表明了必要的原则性，又不伤害彼此友谊，不强加于人，相互有保留的余地。

如何提高与陌生人的社交能力

不和谐、紧张、消极、敌对的人际关系是不良的人际关系，对大学生的生活和学习是有害的。因此，大学生学习建立良好人际关系的方法是十分必要的。建立良好人际关系的具体方法很多，但在日常生活中，最为主要，同

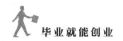

时又可以有效地为大学生所运用的主要有以下几个方面，见图5-3：

图5-3　与陌生人交往的关键

◆ **建立良好的第一印象**

人际关系是在人们的交往中产生的。交往伊始，大学生必须遵循一定的规范、礼仪、风俗、习惯来给人以良好的第一印象。例如，人际称呼要适当，登门拜访要有礼貌，喜庆节日要致意，谈话态度要诚恳，玩笑要掌握分寸等。同时，衣着整洁、大方，仪表举止文明，会给人一种亲近感，反之，过分修饰、油头粉面、浓装艳抹，则会给人一种不合宜的印象。

◆ **塑造有利于人际交往的性格**

俗话说"江山易改，本性难移"，虽然多年养成的性格不容易改变，但并不是不能改变。那如何改变自己的性格呢？首先，要确立信心，正确评价自己。不可盛气凌人，也不能被自卑感压倒，应该谦虚谨慎、不卑不亢；其次，想改变内向性格还需要扩大自身的信息量。要多读书，多看报，关心世界大事、国家大事，扩大知识面，开拓视野；再次，要注重丰富自己的业余生活，可以经常参加打球、书法绘画、下棋等活动，通过这些活动增加与他人的交往，性格就会在潜移默化中得到完善。

◆ **待人要真诚热情**

实事求是，态度热情，往往给人一种信赖感，亲近感，这有利于交往的继续深入。当一个人遇到坎坷，碰到困难，遭到失败时，往往对人情世态最为敏感，最需要关怀和帮助，这时哪怕是一个笑脸、一个体贴的眼神、一句温暖的话语，都能让人感到安慰，感到振奋。因此，当别人遇到困难、陷入困境时，只要你能伸出援助之手帮助困难者、安慰失意者，就可以很快赢得对方好感，与他人建立起良好的人际关系。

◆ **主动交往**

要想与他人建立良好的人际关系，须掌握主动。如主动问候、主动示好、认真倾听、常说"我们"、学会欣赏、制造幽默等等。这些也都是在交往中能获得良好心理效应的方式。因此，我们要想赢得对方好感，同别人建立良好的人际关系，就必须做交往的始动者，处于主动地位。当你的成功经验越来越多，你的自信心也会越来越充足，你的人际关系处境也会越来越好。

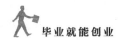
2. 沟通和社交能力的素质训练

理念和目的

社会本身就是一个大集体，在这个大集体中人只是组成这个集体的一个元素，每个元素之间通过相互组合才能形成一个统一的"形状"，这个统一的"形状"是一个抽象而富有感情的组合，我们把它称之为集体或团队。既然要有感情那就离不开沟通与交流，大学生作为这个集体的一分子，当然也要接受这个事实。

【理念支持】

① 人脉就是钱脉。

② 积极主动的沟通，往往会收到意想不到的效果。

③ 你能面对多少人就能做多大事情。

④ 诚实守信是人与人沟通所具备的最基本的要素。

【训练目的】

① 提高大学生的沟通意识与沟通技巧。

② 增加大学生对沟通的进一步理解。

③ 沟通的主要目的是先沟后通，只沟不通等于没有沟通。

沟通能力涉及到大学生学习与生活的各个方面，对他们的个人身心健康、人格健全、人际关系的协调、冲突的解决以及综合能力的培养都有着至关重要的作用。今日社会，沟通已成为时代的主题，沟通能力已经成为21世纪人才竞争的重要指标之一。

买电脑

有一次，我陪一位朋友到电脑城买台式电脑，刚进去，就被一群热情的销售员团团围住，介绍他们店里的电脑如何如何好。

面对热情的销售员，朋友脸上却没有一点喜悦之色。他冲我使了一个眼色，我们就找了一个借口离开了。

接下来，我们又被好几位口齿伶俐的销售员接待了，他们对我和朋友的问话给予了详细的回答，可是，朋友却一改来时"一定买台电脑"的决心，失望地对我说，如果没有合适的，这次就不买了。

我问他："怎么没有合适的？这么多卖电脑的，你应该耐心地听销售员给你介绍啊。"

朋友无奈地说："你说得没错，卖电脑的是不少，销售员也热情，可是我听不进去他们的话。不知道为什么，我觉得听他们说话非常不舒服，感觉他们的每一句话，都是冲着我们的钱来的，根本不在乎我们的需求。所以，每次听他们说不了几句话，我就想离开。"

朋友的话，让我若有所思，我回忆刚才遇到的那些销售员，不得不说，他们有着较为专业的职业素养，有着迷人的口才，对产品的介绍也很全面。可是，为什么我的朋友却有"听他们说话非常不舒服"的感觉呢？

我分析后找到原因：是这些销售员在跟我们沟通时，那副恨不得从我们口袋里"抢钱"的迫切成交的态度。

在与顾客沟通中，销售员很少关注顾客的真实需求，完全是按照自己的意愿做事情，结果不论多么努力，效果总是不好。沟通是掌握顾客心理的最

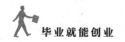

好方法，选择好沟通的内容也十分重要，沟通内容选择好了，才能直入主题，简洁高效。

在沟通时，我们要找到对方的需求并给予解决，只有为对方增加了价值，才能达成自己的期望。沟通之前，要做好充分的准备，想到任何对方可能提出的问题，并制订应对策略，否则很难说服他人接受自己的观点。

秀才买柴

沟通，永远都是这个世界上最重要的人与人之间的交往技能。在销售中，销售员跟客户沟通的关键就在于，让客户听明白你在说什么，即你要说大家能听懂的话。这才是高效的沟通。

如果有一天你走在路上，有一位外国人用英文问你路怎么走，而你正好也会英文时，你会用何种语言回答他？通常大家的答案当然是"英文"，这说明了"沟通是要用对方听得懂的语言"，这"语言"当然也包括了文字、语调及肢体语言。

有一个秀才去买柴，他对卖柴的人说："荷薪者过来！"卖柴的人听不懂"荷薪者"（担柴的人）三个字，但是听得懂"过来"两个字，于是把柴担到秀才前面。秀才问他："其价如何？"卖柴的人听不太懂这句话，但是听得懂"价"这个字，于是就告诉秀才价钱。秀才接着说："外实而内虚，烟多而焰少，请损之。（你的木材外表是干的，里头却是湿的，燃烧起来，会浓烟多而火焰小，请减些价钱吧。）"卖柴的人因为听不懂秀才的话，于是担着柴就走了。

用对方听得懂的语言进行沟通，是沟通成功的保障。如果一个销售人员完全从技术的角度向消费者讲解产品的卖点，我想效果一定不会好。

钥匙

管理工作，80%就是沟通工作。沟通是管理的前提和基础。实现了"有效沟通，无障碍沟通，心与心的沟通"，管理工作应该就成功了一半。只要用心，沟通机会无处不在。只要用心，捡条枯枝细柳，也能舞得风生水响。只要用心，摘叶飞花也可能是威力巨大的夺命剑。

有一把坚实的大锁挂在大门上，一根铁杆费了九牛二虎之力，还是无法将它撬开。钥匙来了，它瘦小的身子钻进锁孔，只轻轻一转，大锁就"啪"地一声打开了。

铁杆奇怪地问："为什么我费了那么大力气也打不开，而你却轻而易举地就把它打开了呢？"

钥匙说："因为我最了解它的心。"

每个人的心，就像上了锁的大门，任你再粗的铁杆也撬不开。而打开心门上这把锁的唯有关怀了解别人，才能把自己变成细腻的钥匙，进入他人的内心。所以沟通时，一定要多为对方着想，以心换心，以情动人。

游戏演练：找朋友

游戏名称：找朋友。

最适人数：人越多越好。

游戏道具：提前准备好印有所有学员名字的纸条，保证每人2张纸条。

游戏规则：

① 所有学员必须找到自己手中与两个姓名相对应的同学；

② 游戏过程中所有学员不得说话，说话即违例，可根据情况取消游戏资格；

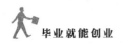

③ 游戏时间为15～20分钟。

操作方式：

步骤1：将队伍带到一个宽阔的地方，例如操场中央。

步骤2：讲清楚游戏规则。

步骤3：要求各学员将纸条放于指定位置，让学员有秩序地去任意挑选，如果选到写有自己名字的纸条学员，需要将纸条交给教官进行调换。

步骤4：教官宣布开始命令。

步骤5：宣布结束命令，集合总结。

游戏重点：

① 鼓励学员主动交流，提高学员沟通能力。

② 破冰，让学员之间相互认识，相互了解。

③ 让学员学会处理拿到写有自己名字纸条的问题。

安全措施：

① 避免学员因拥挤发生意外受伤事故。

② 避免学员开玩笑，追逐打闹。

训练步骤：

第一环节：有氧训练

注意：开场、跑步要求、口号要求、强调队列队形。

第二环节：自我激励

自我激励内容：自我激励一、自我激励二、自我激励三、自我激励四、自我激励五。（见附录）

注意：强调手势、语速的轻重缓急。

第三环节：情景模拟

游戏：找朋友的情景模拟

第四环节：分组讨论

以排为单位进行讨论，由排长组织讨论，并选出当天感悟发言的学员（根据实际情况选1～2位）。

讨论内容：

沟通的重要性是什么？在沟通的过程中需要把握的原则是什么？当认识你的人或是你认识的人越来越多时，你是一种什么样的心情？

第五环节：学员感悟

步骤1：进行启发引导，一般为2～3分钟。

步骤2：请每个排1～2名同学到队伍前将自己的当日训练感悟分享给大家。

第六环节：总结训练（略）

注意：

二十一天习惯养成式素质训练其目的主要是养成习惯，养成习惯最重要的方法就是不停地重复，故二十一天的训练流程和步骤大同小异。

训练笔记

_____

_____

_____

_____

_____

_____

_____

_____

_____

_____

_____

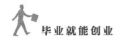

3. 提高性格魅力的素质训练

理念和目的

一个人的性格可以直接影响到他未来的发展，对于当今的大学生来讲，找准自己的性格特点最重要的一个环节。因为性格可以帮助大学生建立自信，找准自己的位置和方向，不再盲目地去从事自己根本做不到的事情或自己根本就不喜欢的事情。

【理念支持】

① 思想决定意识，意识决定行为，行为决定习惯，习惯决定性格，性格决定命运。

② 一个人的性格是后天塑造的，并不是先天就存在的。

【训练目的】

① 测试学员性格，找到最合适学员发展的方向。

② 对学员的性格进行分析，让学员明白自己性格的优缺点，以便及时弥补。

性格魅力是一个人整体精神面貌的表现，是一个人的能力、气质及动机、兴趣、理想等多方面的综合表现。一个人要想让别人尊敬他、欣赏他，应该有自己的性格魅力，从而自信地面对生活，享受人生，使生活变得更加充实。

改造你的性格

乐观者在危难中总能看到机会，而悲观者在机会中也能看到危难。悲观的人先被自己打倒，然后才被生活打倒；乐观的人先战胜自己，然后再战胜生活。心态不同，世界和生活的色调也不同，悲观是一种毁灭，乐观是一种拯救！

然而，我们经常听到这样的话，江山易改，本性难移。那么性格能改造吗？

刘科性子急躁，爱发脾气，在亲朋好友中是出了名的烈性子。但他最近却变得性格温和，说话间透着笑意。大家对此颇感奇怪，后来才知道，刘科恋爱了。

实际上，性格是一个人的特质，同时也是一个人面对自我和世界的方式。性格只是一种方式而已，并非不可更改。所以，我们要想办法完善自己的性格，让自己在生活中变得积极乐观起来。

乐观，是一种最为积极正面的性格因素。有了乐观的心态，坏结果的事情在他们眼中也变成了笑料，用一种诙谐幽默的方式看待，甚至以不幸中的万幸聊以自慰；有了乐观，想到的不是怎么会是这样，而是怎样才能不这样，是一种思维方式的逆转；有了乐观，就能在寻找解决办法的时候发挥自己的优势，激励自己的热情，挖掘自己的潜能。

痛失大单的乔·吉拉德

倾听是一门艺术。善于倾听的人不但不容易犯错误，还能够得到他人的喜欢。这是因为当你用心地倾听别人说话时，你会明白对方的真实想法，理

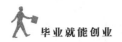
解对方的心意，这时候你说出的每一句话，都能够说到对方心坎里，能让你赢得对方的真情和信任。

善于倾听别人，是与人沟通的前提、基础，不会倾听就无法沟通。倾听，看起来是件简单的事情，貌似只要有双耳朵，就能听进去，其实不然。很多时候，人们听不进别人的话，即便是左耳朵听进去了，转瞬又从右耳朵出去了。

在一次推销中，乔·吉拉德与客户洽谈顺利，就在快签约成交时，对方却突然拒签。

当天晚上，不甘心的乔·吉拉德按照顾客留下的地址上门讨教。客户见他满脸真诚，就实话实说："你的失败是由于你没有自始至终听我讲话。就在我准备签约前，我提到我的独生子即将上大学，而且还提到他的运动成绩和他将来的抱负，我是以他为荣的。但是你当时却没有任何反应，甚至还转过头去用手机和别人通电话，我一怒之下就改变主意了！"

此番话彻底警醒了乔·吉拉德，使他领悟到"听"的重要性。如果不能自始至终"倾听"客户讲话的内容，了解并认同对方的心理感受，就有可能失去自己的顾客。

倾听是一种了解别人的方式，更是一种与人交往的智慧。朋友之间需要倾听，父母与子女之间需要倾听，爱人之间更需要倾听。戴尔·卡耐基告诉人们如何成为一个谈话高手，那就是学会倾听，鼓励别人多谈他自己的事。

游戏演练：穿越电网

最适人数：20人一组。

游戏道具：细绳制作而成的电网。

游戏规则：

① 学员在40分钟内，从网的一边依次通过到达另一边；

② 学员任何部位都不允许碰网，否则洞口将被封闭，每一洞口只能用一人次；

③ 任何学员都不允许说话，说话一次，将会有一个洞口被封掉。

操作方式：

步骤1：将学生带到指定位置。

步骤2：由教官宣布游戏规则，并给学员2分钟的策划时间。

步骤3：在整个游戏过程中，教官全程监督。

步骤4：宣布安全注意事项。

步骤5：宣布游戏开始。

步骤6：游戏结束，集合总结。

游戏重点：

① 确立方案，明确分工，有效的组织协调是团队成功的关键。

② 有效地利用搭配资源，是团队成功的保障。

③ 相互协调和精心操作，才能保障计划的顺利实施。

④ 感受面对困难时应有的态度和做事方式。

⑤ 摆正个人在团队中的位置（角色定位），是团队成功的基础。

【训练步骤】（略）

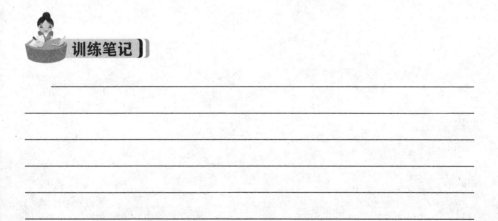

训练笔记

_____

_____

_____

_____

_____

_____

第六章

加强自我管理，让职场步步为营

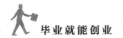

1. 自我管理能力差，职场难立足

著名的管理学家彼得·德鲁克曾说过这样一段话，大意如下：未来的历史学家会说，这个世纪最重要的事情不是技术或网络的革新，而是人类生存状况的重大改变。在这个世纪里，人将拥有更多的选择，他们必须积极地管理自己。

高效管理的基础在于自我管理

在卓越的企业中，每一个人都是一个卓有成效的管理者。彼得·德鲁克说道："卓有成效的管理者正在成为社会的一项极为重要的资源，能够成为卓有成效的管理者已经成为个人获取成功的主要标志。而卓有成效的基础在于自我管理。"

有一天，佛陀行经一个村庄，一些前去找他的人对他说话很不客气，甚至口出秽言。佛陀站在那里认真地听完问道："谢谢你们来找我，不过我正赶路，下一个村庄的人还在等我，等明天回来之后会有充裕的时间，到时候你们如果有什么话想告诉我，再一起过来好吗？"

那些人简直不敢相信自己的耳朵，不明白佛陀为什么会这样。其中一个人问佛陀："难道你没有听见我们说的话吗？我们把你说得一无是处，你却没有任何反应！"佛陀温和地说："假使你要我反应的话，那你来得太晚了，你应该在十年前来，那时候的我就会有所反应。然而，这十年以来我已经不再被别人所控制，我不再是个奴隶，我是自己的主人。我是根据自己在做事，而不是跟随别人在反应。"

对于我们每个人来说，自我管理是迈向成功的前提。作家杰克森·布朗曾经有过一个有趣的比喻："缺少了自我管理的才华，就好像穿上溜冰鞋的八爪鱼。眼看动作不断可是却搞不清楚到底是往前、往后，还是原地打转。"

对于企业来说，培养和提升员工的自我管理能力是提高企业整体管理能力和综合竞争力的基础，因为，员工的自我管理能力是企业管理能力的重要组成部分。只有每一个员工时刻做到自律、自励、自警、自省、自尊、自强，企业的各项管理制度才能真正落到实处，企业的各级管理者才能实现"无为而治"，企业的高层领导才能从"消防队长"的角色中解脱出来，集中精力抓大事、抓要事。

总之，具备了自我管理的意识、能力和技巧，加上自己持之以恒的实践修炼，走入职场的大学生也能养成良好的职业习惯、职业动作、职业行为和职业模式，加速个人从"业余选手"向"职业选手"的转变，实现企业团队由"游击队"向"正规军"的进化，实现个人和企业共同成长、共荣共赢。

自我管理能力与就业正相关

大学生的自我管理就是对自己的计划、组织、指挥、协调和控制，就是进行自我的管理和约束，主要是要养成良好的生活习惯、学习习惯、工作习惯。就业能力是指从事某种职业所需要的能力，包括一般就业能力和特殊就业能力。这两者具有正相关性。

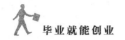

◆ **一般就业能力**

它是指一个人的态度、世界观、价值观、习惯；与工作有关的一些能力，主要是指处理与周围人和工作环境之间关系的能力，如怎样进行工作、如何与人相处等；自我管理能力，如决策能力、对现实的理解能力、对现实资源的利用能力，以及有关自我方面的一些知识，对学校所学课程与工作中具体运用之间关系的理解能力。

◆ **特殊就业能力**

特殊就业能力是指某个职业所需的特殊技能和环境所需的某种特殊技能，如一个会计必须具备较好的数学功底，护士需要某种特殊的护理技能，美术工作者必须具备色调感、色度感、线条感和形象感等。

◆ **自我管理**

自我管理能力是就业能力的重要组成部分，一般而言，一个人的自我管理能力强，他的就业能力就强；自我管理能力弱，他的就业能力就弱。

大学生自我管理存在的问题

目前大学生在生活、学习和职业生涯规划等方面都表现得不太乐观。当前大学生自我管理能力主要存在以下几个问题，如图6-1所示：

图6-1　大学生自我管理能力的欠缺

◆ **自我管理意识淡薄**

大学生在进入大学校园学习、生活之前，都是生活在学习压力巨大、老师父母管理严格、单纯简单的高中环境中，不需要考虑太多学习以外的事情，而大学里却要求学生衣、食、住、行、学等都需要自己规划好。往往在由"依赖型"转变为"自主型"的过程中，学生对自己的认识与已有的认识之间容易出现一些矛盾。一方面原因在于大学生的心理年龄未能及时与实际年龄同步。他们有远大的理想和抱负，但他们的实际能力和知识还不足以支撑他们完成"追梦之旅"。

◆ **自我规划不清晰**

大学教育的目的是让学生更好地认识自己、适应社会，然而不少学生对自己学习、生活上的目标都不是很明确。大学生在整体的时间分配上缺乏合理性，不愿意为自己设立目标，总是走一步算一步。甚至有学生不愿意制定学习计划，只在考试之前突击学习，无法安排好自己的生活。

◆ **缺乏控制管理能力**

当代大学生的自控能力、自我约束力较差，制定的学习、生活计划形同虚设。很少有学生能做到"每日一省"，主动地对自己近期的表现和成果进行客观的评价和总结。

◆ **缺乏心理管理能力**

具备健康的心理是大学生基本素质之一，也是进行正常学习和生活的前提。但是在现实中，很多大学生有着不同程度的心理健康问题，心理素质较差，心理问题难调适。主要表现为：不能很好地自我认知、控制和调节，不能转移、调适消极情绪等等。这使得相当一部分大学生深陷情感和心理危机之中，影响到学习和生活，不利于全面健康发展。

◆ **缺乏时间管理能力**

充分把握时间、合理利用时间，做好时间管理，是大学生的一门必修课。目前，大学生普遍存在着时间安排欠妥的问题，尤其是不能充分合理利用自己的课余时间。

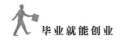

毕业就能创业

细节管理，办公室里无小事

在现代职场上，一个人的常识、学识和胆识这三大要素决定着你的职场前途，你只有具备了丰富的常识，才能拥有优秀的品质和人格魅力；你的学识则是你工作能力的保障；至于胆识，它是你突破现有思维模式和体制，勇于创新的力量源泉。

三分做事，七分做人。人在职场，想要把"人"做好，就得具备丰富的做人的常识，即使在强调"制度"的欧美职场，也一样重视"人和"，重视交流沟通和团队精神。而所有这一切又都是通过日常工作生活中的"细节"体现出来的。可以说，"常识"是你在职场取得成功最坚实的基石。

一个人通过在学校的学习，已经基本上具备了工作所需要的学识；你的胆识，一半是天赋，一半则是你经验的结晶，由于经验需要有一个积累的过程，所以胆识不可能在你进入职场后很快形成。而表现为职场细节的一些基本"常识"，在现行的教育环境下可以说是"先天不足，后天营养不良"，作为职场中人，只有及时补课，才能满足现代职场的需要。

缺乏职场所需的常识，会让你进入职场后在细节问题上四处碰壁，特别是在处理人际关系方面表现不太如意。很多职场新人动不动就想"跳槽"，想靠"跳槽"来摆脱困境，然而，跳来跳去，几年后发现自己仍然在原地踏步。

任何人在成长过程中都会遭遇挫折和失败，但是，在现代职场上，你的挫折和失败都是有成本的。由于缺乏职场所需的常识，对一些细节问题的处理表现得很无知，在职场成长的道路上就要付出额外的代价，这必然会影响你成才的机率，对社会而言，这是一种人才资源的浪费，对你个人而言，则有可能是受挫的开始。

在家里，从小父母长辈就在告诉你怎样做人；在学校里，老师也没少教你如何做人，但遗憾的是，无论是家长还是老师，他们教你的那些做人的常识，往往流于一些空泛的大道理，缺乏细节上的指导，没有可操作性，难以适应现代职场的需要。所以，要想在职场上有一番作为，就得从职场细节开始。

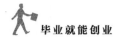

2. 科学管理时间的素质训练

理念和目的

时间是我们最为宝贵的财富！无论是我们的工作、生活，还是学习，无一不需要它；无论是马斯洛先生所说的生理需求、安全需求、社交需求，还是尊重和自我实现的需求，也无一能缺少它。那么，大学生就更应该明确时间对自己的重要性，要学会管理时间、利用时间、在固定的时间内做更多的事情。

【理念支持】

① 浪费时间就等于慢性自杀。

② 正确的人在正确的时间利用正确的方法做正确的事情才能得到正确的结果。

③ 在最重要的时间段里做最重要最紧急的事情。

④ 时间就像海绵里的水，挤一挤总是有的。

【训练目的】

① 让大学生养成珍惜时间的好习惯。

② 教会大学生如何充分利用时间。

③ 教会大学生在合理的时间内做合理的事情。

④ 改掉大学生因为时间的原因乱找借口的坏习惯。

时间管理就是用技巧、技术和工具帮助人们完成工作。时间管理并不是要把所有事情做完，而是更有效地运用时间。时间管理的目的除了要决定你该做些什么事情之外，另一个很重要的目的是决定什么事情不应该做。时间管理不是完全的掌控，而是降低变动可能性。

工作中时间的价值

管理者要很好地完成工作就必须善加利用自己的工作时间。工作是很多的，时间却是有限的。时间是最宝贵的财富。没有时间，计划再好，目标再高，能力再强，也是空谈。时间是如此宝贵，但它又是最具伸缩性的——它可以一瞬即逝，也可以发挥最大的效力。

曾经有一位名叫艾维·利的管理专家去拜访伯利恒钢铁公司的总裁查理·齐瓦勃先生。艾维·利表示让他与该公司每位经理谈15分钟，他就有办法改善公司的效率，增加公司的销售额。齐瓦勃问："这要花多少钱？"艾维·利回答："你不用马上给我钱，等你认为有效果了，你觉得值多少钱，寄张支票给我就行了。"齐瓦勃同意了。于是艾维·利与每位经理都谈了15分钟，谈话的内容很简单，他只要求他们在每日终了时，将次日需完成的六件最重要的工作写下来，并依重要性顺序编号。次日早晨从表上的第一件工作开始，每完成一项便将它从表上划去；若有当日未完成的工作，则必须列入次日的表中。每位经理须切实执行三个月。

三个月后，查理·齐瓦勃送了一张3.5万美元的支票给艾维·利，这是他认为值得为此改变付出的培训费用。

据记载，当年艾维·利曾帮助过的伯利恒钢铁公司，五年后，从一个不知名的小钢铁厂一跃成为世界上最大的独立钢铁厂，人们普遍认为，艾维·利提出的方法对伯利恒的崛起起到了功不可没的作用。

在工作中，把握要事第一的原则，确保时间重要性。一切的价值都来源于时间，所以你必须懂得如何利用时间，才能将时间的价值发挥到最大。不懂得利用时间就是最无能的管理者。

碎石子与大石头

制定计划并不是要求管理人员把未来的工作时间全部填满工作内容。有计划地利用工作时间，主要是合理地安排最主要的工作和解决最关键的问题。这些工作和问题，只要安排得适时且得当，就会像机器的主轴带动整个机器运转那样，促使其他的事情能按时完成。

有位时间管理专家，在演讲时做了一个别开生面的示范。

他将拳头大的石头一块块放进一个大玻璃缸里，直到与缸口齐平，然后问听众："缸子放满了吗？"

在听众回答"放满了！"的声音中，他扬扬眉毛："是吗？"说着，又拿出一堆玻璃珠大小的碎石子，一个个塞进大石头的缝隙里，直到塞不下。

然后再问听众："这样满了吗？"

"也许还没满。"听众学乖了，有人这样回答。

"很好！"专家说着，又拿出一桶沙子，将沙子倒进玻璃缸的缝隙里。再问："这样满了吧？"

"还没满！"有个听众大声说。

"很好！"专家面露赞许之色，再拿出一桶水，将水倒进石子和沙粒的缝隙中，直到水溢出了玻璃缸才停下来。

"你们从我的示范表演里学到了什么？"专家回到讲桌前问。

一个听众站起来，热情而兴奋地说："不管你的时间表排得多满，只要你愿意，你还可以塞进另外一些东西。"

"不对！"专家摇摇头，说："它最大的启示是，如果你不先将大石头放进玻璃缸里，而是先放碎石子、沙子或水，那你就没有办法放进这么多的大石头。"

善用时间，不仅是将时间填满而已。如果总是先做些琐碎的小事，那你就没有什么时间去做真正重要的事情。一个井然有序的头脑，知道事情的优先级，聪明的时间管理，就是按事情的重要性，将它们依次放进"时间之缸"里。

游戏演练：争分夺秒

游戏名称：争分夺秒。

最适人数：全体学员。

游戏道具：无。

游戏规则：

① 将队伍分成两组，其中一组扮演人质，另一组扮演特警；

② 在人质的队伍里选出两名学员做绑匪，并阻止人质越过边界线；

③ 在规定的时间内要求特警到人质的区域内和每个人质进行握手，表示解救人质成功，否则人质将要受到50个俯卧撑的"奖励"；

④ 100米的距离，一般情况下要求特警在13秒内完成解救工作；

⑤ 特警解救人质的机会共有三次，每次教官都会计时，听到哨音即为"开始"或是"时间到"的信号；

⑥ 转化角色，前面扮演人质的学员扮演特警，扮演特警的学员改为扮演人质，再进行一次，规则与前面的相同。

操作方式：

步骤1：将队伍带到操场的一边，保证能有100米的距离供学员做游戏。

步骤2：由教官讲解游戏规则。

步骤3：将人质组带到操场的另一边并画好边界线。

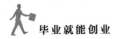

步骤4：一切准备完成后宣布游戏开始，计时开始。

步骤5：角色转换，重复进行。

步骤6：奖励俯卧撑。

步骤7：游戏结束，集合总结。

游戏重点：

① 强调时间的重要性，要告诉学员一定要在指定的时间内完成游戏。

② 强调争分夺秒的重要性，输的一方将会受到"奖励"。

安全措施：

① 注意在跑步过程中学员的身体状况。

② 在解救人质过程中禁止和绑匪的扮演者进行身体接触等不良行为。

【训练步骤】（略）

3. 注重细节习惯的素质训练

理念和目的

"泰山不拒细壤，故能成其高；江海不择细流，故能就其深。"大礼不辞小让，细节决定成败。在中国想做大事的人很多，但愿意把小事做细的人很少。我们不缺少雄韬伟略的战略家，缺少的是精益求精的执行者；不缺少各类管理规章制度，缺少的是不折不扣地执行规章条款。我们必须改变心浮气躁、浅尝辄止的毛病，提倡注重细节、把小事做细。

【理念支持】

① 细节影响品质，细节体现品位，细节显示差异，细节的力量就是"润物细无声"。

② 细节决定成败。

③ 生活中只有注重小事，才会看到大事。

④ 天下大事必做于细。

【训练目的】

① 让大学生了解细节的重要性，并从训练中深刻理解细节。

② 锻炼大学生养成注重细节的优良习惯。

③ 使当代大学生明白从小事做起的深刻道理，并摒弃眼高手低的坏习惯。

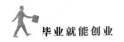

细节是一个很需要注意的事情，应当特别引起我们的重视。我们在日常做事情时，常常容易忽略细微之处，总以为这是个小问题，没什么大不了的。恰恰是细节，会使事情变得无法弥补。

医学院主动尝尿液的学生

细节往往因其"小"，而容易被人忽视，使人掉以轻心；因其"细"，也常常使人感到繁琐，不屑一顾。但就是这些小事和细节，往往是事物发展的关键和突破口，是关系成败的双刃剑。现代商业上的成败，细节也很重要，许多企业将大笔资金投入产品的开发，往往只是为了赚取百分之几的利润，而在生产中任何一个细节的失误，就可能完全失去这些利润。

有位医学院的教授，在上课的第一天对他的学生说："当医生，最要紧的就是胆大心细！"说完，便将一只手指伸进桌子上一只盛满尿液的杯子里，接着再把手指放进自己的嘴中，随后教授将那只杯子递给学生，让这些学生学着他的样子做。看着每个学生都把手指探入杯中，然后再塞进嘴里，忍着呕吐的狼狈样子，他微微笑了笑说："不错，不错，你们每个人都够胆大的。"紧接着教授又难过起来："只可惜你们看得不够心细，没人注意我探入尿杯的是食指，放进嘴里的却是中指啊！"

教授这样做的本意是教育学生在科研与工作中都要注意细节。相信尝过尿液的学生终生都能够记住这次教训。

每个人所做的工作，都是由一件件小事构成的，但不能因此而对工作中的小事敷衍应付或轻视懈怠。记住，工作中无小事。所有的成功者，他们与我们都做着同样简单的小事，唯一的区别就是，他们从不认为他们所做的事是简单的事。

游戏演练：鸭子走路

游戏名称：鸭子走路。

最适人数：全体学员。

游戏道具：无。

游戏规则：

① 所有学员在操场上捡两颗小指大小的石头；

② 从捡到石头的那一刻起，直到训练结束，石头都不能离开身体；

③ 将石头放到鞋里，学鸭子走路，活动距离大约100米左右。

操作方式：

步骤1：将队伍带到一个宽广的地方，例如操场中央。

步骤2：讲清楚游戏规则。

步骤3：开始寻找小石头。

步骤4：检查学员找到的石头。

步骤5：将石头装进鞋里，教官进行鸭子走路演示。

步骤6：游戏预备，宣布游戏开始。

步骤7：宣布结束命令，集合总结。

游戏重点：

① 强调不能将石头随便换掉或是扔掉。

② 鸭子走路完毕后，告诉学员永远保存石头。

安全措施：

① 时刻观察学员状态，以防出现安全事故。

② 提前检查场地，以防场地上有尖利物品。

③ 控制行走速度，不要走得太快。

【训练步骤】（略）

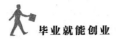

训练笔记

第七章

懂得团队合作，让你脱颖而出

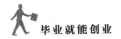

1. 团队合作能力影响晋升

在面试中，当遇到要求评价两种不同观点的题目时，不少大学生仅仅以"我"的角度具体论述了其中一种，对另一观点只字未提，这不符合题目要求；而被问到"作为负责人，怎样组织策划公司xx活动"时，很多学生仍旧只回答"我如何做"，而没有充分利用身边的人、财、物等资源，也很少有人会想到要取得工会、共青团或者领导的帮助。这反映出他们喜欢单兵作战，强调个体价值，团队合作精神较弱。

团队合作已成就业的短板

一个团队中一般有两项基本目标：完成任务和保持融洽的关系。为了能顺利完成任务，成员们需获得、组织、总结、协调各种信息；为保持成员间良好的工作关系，成员们需进行一定的维护行为，如互相鼓励参与团队行为，促进彼此交流，认真听取他人意见等。通常人们认为这只是团队领导的事情，其他成员只需完成自己的本职工作即可。但事实上，在一个高效的团队中，每个成员都应主动执行上述行为。

下面是团队合作类面试问题的三个关键，如图7-1所示：

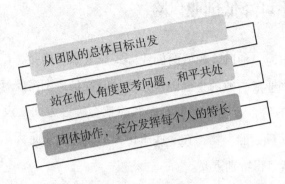

图7-1　团队合作类面试问题的三个关键

◆ **从团队的总体目标出发**

一个团队要能够很好地协同工作，团队的每一个人都需要清楚并接受团队的总体目标，这样才能够把成员的劲往一处使。所以在讲述自己的团队合作经历的时候，要首先从团队的总体目标开始讲述，然后再讲述自己的那部分工作。

◆ **站在他人角度思考问题，和平共处**

和平相处，需要大家相互理解。而理解他人的最好的方法，就是站在他人的角度考虑问题。而且在很多冲突和矛盾的解决过程中，最重要的品质也是站在他人的角度考虑问题。

◆ **团体协作，充分发挥每个人的特长**

每个人独立完成自己负责的工作时，也要帮助伙伴完成他们的工作。同时，如果你是团队领导者的话，你最重要的工作之一就是监督、指导和帮助伙伴充分发挥他们的特长以最高的效率和效益来完成工作，这一点对团队能否成功至关重要。

现代的商业竞争是团体与团体的竞争，这印证了一句古话：团结力量大。企业招聘也是一样，现在的企业更加注重团队合作能力，这一点在面试中体现的非常明显，特别是在结构面试或行为面试中。求职者应当抱有一个团队合作的心态去参加面试，主动融入团队当中，这样可以极大地获得面试官的好感，从而求职成功。

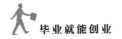

团队合作可降低创业风险

合伙创业作为一种风险较低的创业方式被大家所接受。在创业路上，个人魅力是决定创业成与败的主要因素，这个时候是特别需要有领袖才能的人来引领的，要不然企业在发生重大问题前就会失去方向，没了主心骨。但是，就算再叱咤风云的人物，在一些事情面前也会有手足无措的时候，团队的力量在这时就显得特别重要。

可惜有些企业老板，特别是自己一手打拼出来一片天的老板，并不是很在乎团队的看法，独断专行惯了的性格把手下的意见当耳边风，久而久之，手下也就不再说什么了，就算有意见也憋在心里不说。当出现老板自己也没有办法解决的问题时，这个时候再去向底下要看法基本上是得不到答案的。因为大家都习惯按照老板的想法按部就班地做事，他们已经失去了思考能力，老板也只能自吞苦果了。

一个做孕妇装的企业，公司的生产技术和服装质量都是十分优秀的，可是市场反响非常差。后来市场部经过调查觉得主要原因是样式不够新颖，现在孕妇都爱打扮，不喜欢样式太旧的孕妇装。可是老总就是认为没必要创新，认为孕妇装实用就行，后来的结果可想而知，当然是想破脑袋也提升不了销量。

我们会发现这样的例子比比皆是。企业领导不重视下属的意见，不重视团队的看法，一切以自我为中心，喜欢说"我说了算"。比尔·盖茨说："团队合作是企业成功的保证，不重视团队合作的企业是无法取得成功的。"建设一支有凝聚力的团队，已是现代企业生存发展的一个基本条件。团队是具有思考性、主动性和协作性的，它不是人力的简单相加，在合作中，团队要能够做到"1+1＞2"的效果，就是我们常说的起"化学反应"。

一个团队的运作，需要团队中的不同成员发挥各自不同的能力和作用，而个人的能力，在很大程度上是由个人的个性所决定的。外向的人善于与人交往，能在公关等方面发挥很大的作用；而内向的人更善于实干，能在科研等方面发挥很大的作用；有组织管理能力的人可以发挥组织协调作用。正是由于各自不同的独特个性，才可以使每个人在团队中担任不同角色，承担不同的工作，使整个创业团队正常运作。

创业想要成功必须要有一个好的团队，在整个企业的运营上，从生产到管理再到服务，没有一个优秀的团队配合，是不可能生产出好产品的，更不可能提供给消费者满意的服务。

世界500强的团队合作能力考核

在任何一家企业里，协作精神都是最为重要的，也只有把"1+1＞2"的合作精神发挥到极致，工作才能达到最大的效率，企业也才能获得最大的效益。只要有一个员工不合作，就会成为了团队的包袱，甚至严重影响到整体的运转，这种员工是典型的"拖后腿"型人物，世界500强对团队合作能力的要求，详见表7-1：

表7-1　世界500强考核团队合作能力

例题	回答案例	试题点评
在过去的工作团队中，你扮演的是什么角色？	在过去的团队里，我经常担任的是"诸葛亮"的角色，为大家出谋划策，因为我是一个很有创新精神的人，能站在不同的角度看待问题，产生许多新的解决方法。另外，在计划执行的过程中，我也担任协调人的角色，帮助每个人完成工作	该求职者在回答这个问题时，既说明了自己能针对同一个问题提出不同的解决方案，又说明了自己是一个有着协调能力的人，体现了自己的团队合作能力
你认为一个好的团队成员应该是怎么样的？	我认为一个好的团队成员应该具备以下三个要点：一是要有强烈的求知欲和学习欲望，这样才能保证和团队的步伐一致，不至于掉队；二是要有协调能力和合作精神，这样才不会和团队成员产生严重的矛盾和冲突；三是要有大局观，一切以大局的利益为主，不要因个人的原因把集体利益抛到一边	这道题同样是考察求职者的团队精神，求职者在回答问题时，要尽可能以大局、以集体的利益为主，做到和集体共同进步

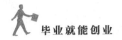
续表

例题	回答案例	试题点评
你认为是团队协同工作的效率高，还是一个人单独工作的效率高？	我认为团队协同工作的效率会更高。毕竟一个人的经验、知识是有限的，而团队合作的话，大家一起出谋划策，能给团队提供更多的灵感和方案，并且彼此可以分享自己成功或失败的经验，让大家从中学习到更多的知识。另外，团队协同工作，可以让大家为一个目标共同奋斗，更能激发起大家的激情	求职者在面对这道题时回答得要尽量跟自身保持一致，如果你的工作性质是单独就可以完成的，那么你一定要讲出团队协同的效率更高的理由
你认为应当如何进行有效的团队合作？	我认为最重要的是要关注整体的目标，而不要只看到个人利益。并且大家都要愿意开诚布公地分享自己成功或失败的经验，这样能避免走弯路，有效地进行合作，才能达到"1+1＞2"的效果	求职者应该提出自己对团队合作的认识，提出"1+1＞2"的概念。实现职业成功需要个人的力量，更需要团队整体的合力。团队并不是一群人的机械组合。团队的最终效果是实现"1+1＞2"的合力，而不是"1+1＝2"的简单叠加

如何提高大学生团队合作能力

大家都知道，团队合作精神越来越深入人心，越来越为人们所重视。那么，你想使自己成为一个具有团队合作精神的人吗？我们又该如何提升自己的团队合作能力呢？如图7-2所示：

图7-2 培养团队合作能力的步骤

第一，表达与沟通能力的培养

表达与沟通能力是非常重要的，不论你做了多么优秀的工作，不会表达，不能让更多的人了解，那就几乎等于白做。比如面试时，每个人的时间也就10分钟，如果不能在有限的时间里好好推销自我，可能就与一个好机会擦肩而过了。我们常说"行胜于言"，主要是强调做人应该多做少说。但现代这个开放的社会，你的好想法要尽快让别人了解。所以要注意培养这方面的能力。抓住一切机会锻炼，积极表达自己对各种事物的看法和意见，并掌握与人交流和沟通的艺术。

第二，培养自己做事主动的性格

我们都有对成功的渴望，但是成功不是等来的，而是靠努力做出来的。没有哪家单位喜欢只知道听差的人，我们不应该被动地等待别人告诉你应该做什么，而应该主动去了解社会需要我们做什么，自己想要做什么，然后进行周密规划，并全力以赴地去完成。

第三，培养敬业的品质

几乎所有的团队都要求成员具有敬业的品质。有了敬业精神，才能把团队的事情当成自己的事情，有责任心，发挥自己的聪明才智，为实现团队的目标而努力。要记着个人的命运是与所在的团队、集体连在一起的。这就要求我们有意识地多参与集体活动，并且想方设法认真完成好个人承担的任务，养成不论学习还是干事都认真对待的好习惯。要记住，有才能但不敬业的人没人敢用。

第四，培养自己宽容与合作的品质

有些人的动手能力强，点子也不错，但当他的想法与别人的不一致时，他就固执己见，不肯与人商量。实际上，集体中的每个人各有各的长处和短处，关键是我们以怎样的态度去看待。能够在平常之中发现对方的美，而不是挑对方的毛病，培养自己求同存异的品质，这一点对当代职场人士来说尤其重要。这就需要我们在日常生活中，养成良好的与人相处的心态。这不仅是培养团队精神的需要，而且也是获得人生快乐的重要方面。

第五，要培养自己的全局观念

团队精神不反对个性张扬，但个性必须与团队的行动一致，要有整体意识、全局观念，考虑团队的需要。它要求团队成员互相帮助、互相照顾、互相配合，为集体的目标而共同努力。曾经有这样两个大学生：他们共同承担一个项目，但各有分工。其中一位在完成任务的过程中遇到了技术上的难题，此时他只会自己冥思苦想乱翻书，却不屑于向坐在旁边的高手请教一下。而这位高手也只是坐在旁边等着看笑话，可想而知最后工作完成的并不好。这是我们应该吸取的教训。在工作期间，要有意识地培养全局观念。

有一句谚语："你付出的越多，你得到的越多"。试想，如果你的行为让人觉得"你的是我的，我的还是我的"，当你需要帮忙时，你认为别人会来帮助你吗？反之，如果你时常慷慨地帮助别人，那你是不是会得到更多人的回报？

在团队之中，要勇于承认他人的贡献。如果借助了别人的智慧和成果，就应该说出来。如果得到了他人的帮助，就应该表示感谢。这也是团队精神的基本体现。

第七章　懂得团队合作，让你脱颖而出

2. 提高团队合作能力的素质训练

理念和目的

　　大学生目前最需要解决的问题是如何提升团队精神，在某种意义上讲，并不是大学生本身没有团队精神而是大学生对团队精神的理解不到位，虽然我们经常强调团队的重要性，但在很多时候我们对团队的理解却不是很明白，那么真正的团队到底是什么呢？

【理念支持】

① 没有完美的个人只有完美的团队。

② 小成功靠个人，大成功靠团队。

③ 一个团队只有积极地配合、协调、组织才能创造更大的财富。

【训练目的】

① 提高学员的团队合作意识，增强团队凝聚力。

② 锻炼学员的团队协调、组织能力。

③ 提升团队当中每位成员的责任感。

④ 测试团队当中每位成员所充当的不同角色。

　　在众多大学生招聘会现场，在对大学生能力素质的要求中"具有较强的团队合作能力"这样的字眼几乎随处可见。很多大学生个人能力优秀，就是

167

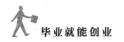

因为欠缺团队合作能力，导致上岗后事倍功半。由此可见，团队合作能力已经成为当代大学生必须具备的能力素质之一。

蚂蚁与大雁

团队所依赖的不仅是集体讨论、决策、信息共享，它强调通过成员的共同贡献，能够得到实实在在的集体成果，这个集体成果超过成员个人业绩的总和，即团队大于各部分之和。团队的核心是共同奉献，这种共同奉献需要一个所有成员能够为之信服的目标。

在南美洲的草原上，天气酷热，山坡上的草丛突然起火，无数蚂蚁被熊熊大火逼得节节后退，火的包围圈越来越小，渐渐地蚂蚁似乎无路可走了。然而，就在这时出乎意料的事发生了，蚂蚁们迅速聚拢起来，紧紧地抱成一团，很快就滚成一个黑乎乎的大蚁球，蚁球滚动着冲向火海。尽管蚁球很快就被烧成了火球，在噼噼啪啪的响声中，一些居于火球外围的蚂蚁被烧死了，但更多的蚂蚁却绝处逢生。

南飞的大雁为什么不时地变换着"一字"和"人字"型？科学家在实验室的风洞试验中发现，成群的大雁以"人字"型飞行时，比一只大雁单独飞行能多飞71%的距离。因为飞在前面的大雁能为飞在后面的大雁挡住气流，使后面的大雁飞行时飞得更轻松。

蚂蚁生死合作求生存，大雁相互配合飞跃海阔天空。大学生合作也必将绽放全新的希望和无穷的力量，大学生养成良好的行为习惯，必将加速大学生创业、发展自我，走向成功的步伐。

两双长筷子

筷子是我们中国人最熟悉的东西，是用来吃饭的工具。筷子是这个世界上最小的一个团队组合，只有两个成员，就是两根筷子。它们合在一起的作用就是夹菜、吃饭。筷子在工作的时候，各自发挥着50%的功效。但一根筷子很容易折断，一把筷子就不容易折断。

有这样一个故事：

上帝分给两个家庭两把长筷子。第一个家庭把长筷子当作普通筷子使用，把食物只往自己嘴里送，可是筷子太长了，他们根本就吃不到食物，结果都饿死了。而第二个家庭却把食物往对方的嘴里送，他们互相喂食，互相帮助，他们一家就活了下来。要生存就要互相合作，这样才能团结进步。

上帝并不希望人们因为他的施舍而变得懒惰或是不团结，上帝对于每个人都是公平的，只不过人们在应用资源的时候出现了误解。当我们有了一个小的团队，但要去完成一个大事业的时候，就要组建大的团队。

游戏演练：顶气球

游戏名称：顶气球。

最适人数：12人一组。

游戏道具：气球若干。

游戏规则：

① 所有学员在同一水平线上出发，进行比赛；

② 每个学员之间用气球连接，中间不许出现断裂，否则返回原地，重新开始；

③ 每位学员不得用手触碰气球，双臂保持侧平举，否则视为违规，返回

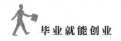

原地，重新开始；

④ 在游戏过程中，每组不得出现2个以上的气球爆破，否则每爆破一个气球，该组学员全体做20个俯卧撑才可以获得新的气球；

⑤ 最后一个到达终点的团队，每人将获得50个俯卧撑的"奖励"；

⑥ 在游戏过程中，教官不得出谋划策，只起监督的作用。

操作方式：

步骤1：将队伍带到游戏预先设定的出发点。

步骤2：宣布游戏规则，进行提问，确保学员都明白游戏规则。

步骤3：由教官发放道具，并协调学员将气球吹至固定标准大小。

步骤4：宣布游戏开始。

步骤5：宣布游戏结束，集合总结。

游戏重点：

① 仔细观察团队当中每个学员所扮演的角色。

② 注意团队的组织协调与配合。

安全措施：

时刻观察学员状态避免安全事故发生。

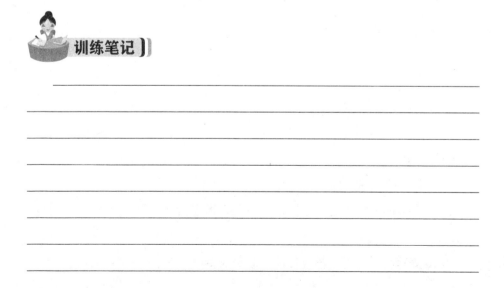
训练笔记

3. 提高团队荣誉感的素质训练

理念和目的

集体由个体组成。任何一个集体要建设、要发展，都必须依靠个体的努力。肯定和鼓励个人建立功勋、争取荣誉，是集体事业不断发展壮大的必然要求。但对每一人来讲，则需要正确认识和处理个人荣誉与集体荣誉的关系，积极为创造和维护集体的荣誉而奋斗。

如果一个人只为自己活着，那么他的生命是黯淡的，只有为同时代人的完美、幸福而生活，才能使自己的生活更有意义。古往今来的有识之士，总是把自己的命运紧紧地和集体，特别是和祖国联系在一起，从中获得进取的力量。故在团队当中我们应该承担起整个团队进步的重大责任。

【理念支持】

① 一堆沙子是松散的，可是它和水泥、石子、水混合后，比花岗岩还坚韧。

② 木桶原理。决定木桶盛水多少主要取决于最短的那块木板，以及木板与木板之间的缝隙以及木板里面有没有蛀虫。

③ $100\% \times 100\% \times 100\% \times \cdots\cdots = 100\%$；$99\% \times 99\% \times 99\% \times \cdots\cdots < 100\%$；$110\% \times 110\% \times 110\% \times \cdots\cdots > 100\%$

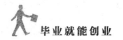

【训练目的】

① 提升团队集体荣誉感。

② 增强团队沟通与协调的能力。

③ 懂得付出与回报之间的道理。有付出才有回报，有舍才有得。

作为当代大学生，有了集体荣誉感，就会热爱集体并发挥主动性和创造性，表现出"主人翁"的责任感。其中，集体活动是现场教育与鲜活生活学习的好课堂，学生可以受到教育、得到启发、得到激励，从而使集体荣誉感不断得到升华。

张辽与乐进

如果一个团队被众人尊敬，虽然个人只在这个团队中排倒数第一，但是这个人在众人眼中，依然是值得尊敬的。如果一个团队被人视为鼠辈之流，而个人就算在这团队中排老大，在众人眼中，也一样是鼠辈一个。所以，先有团队荣誉，才有个人荣誉。

三国时期，曹操手下的张辽、乐进共守合肥。一次孙权发兵十万来攻，二人是五子良将中的两位，同等功绩，以前素有矛盾，但面对强敌，仍能互补互助，共进共退，最终大破敌军。

由此可见，团队的荣誉高于一切。既然你选择了这个集体，荣誉就不仅仅是团队的，还是个人的。团队荣誉感的产生，离不开每一个人对团队的奉献，需要大家团结一心，共同努力。

西点军校的荣誉原则

西点军校是美国久负盛名的军校，200多年来，从这里走出了2位美国总统、4位五星上将、3700多位将军，以及一大批杰出的政治家、科学家、教育家和企业家等。在成就西点军校辉煌成绩的各种因素中，独特的荣誉制度是极其重要的一点，它是西点的灵魂。

西点军校的荣誉准则是：不撒谎、不欺骗、不盗窃。强调每一个人一定要重视个人荣誉，关注集体荣誉，时刻捍卫个人与集体的荣誉。

Korn公司总裁杰夫，于1972年从西点毕业，退役后曾任一家机器公司的销售经理，当他发现他所卖的机器比别家同样的机器贵了一些时，他为了维护自己的信誉，立即逐家拜访说明情况，请客户重新选择。而客户不但没有解除合约，反而又给他带来更多的客户。

一个优秀的团队是成员时刻为自己的团队感到骄傲和自豪的团队。正是有了一个自己热爱的团队，大家才能无所畏惧地面对任何问题和困难；正是有了一个自己热爱的团队，大家才能保质保量、按时完成各项任务。

游戏演练：合作前进

游戏名称：合作前进。

最适人数：以排为单位进行，一般为15人左右最好。

游戏道具：用于绑腿的绳子若干。

游戏规则：

① 要求学员以一排为单位每组15人左右；

② 每位学员的左腿与相邻学员的右腿用绳子捆绑在一起；

③ 最后一组到达目的地的将集体"奖励"俯卧撑100个；

④ 教官不准在旁边协助或者指导。

操作方式：

步骤1：将队伍带到训练场指定的位置。

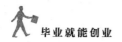

步骤2：宣布游戏规则。

步骤3：教官发放道具，并辅助做好准备工作。

步骤4：2分钟的自由策划时间。

步骤5：宣布游戏开始。

步骤6：游戏结束，集合总结。

游戏重点：

① 鼓励学员争取第一名，为团队争取荣誉。

② 学员对游戏的环节进行要充分把握。

③ 所有任务必须由学员自行安排并完成。

安全措施：

① 注意学员状态，避免安全事故发生。

② 避免学员因绑腿绊倒而受伤。

【训练步骤】（略）

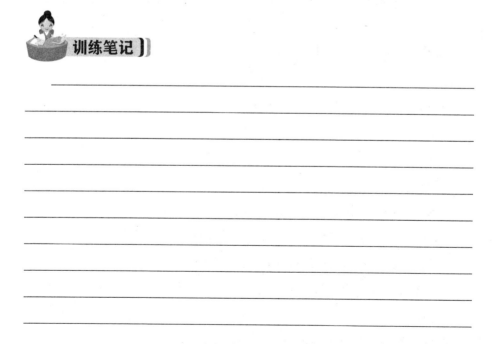

训练笔记

第八章

个性化领导力，成就升职快车道

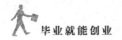

1. 领导力决定你的未来

　　在这个社会中，无论我们从事何种职业，都需要具备一些领导者的能力，才能让我们的工作卓有成效。我这里提到的领导力，并不是说让你未来当上公司的管理者，而是要具备领导者的优点，如协调能力、执行力、解决问题的能力、团结同事的能力等等。有了领导力，你会团结更多的人帮你快速地完成工作；有了领导力，你的执行力更高效；有了领导力，才能在关注自我需求之外，更多地把目光投向身边的人，关注他们的感受，积极地帮助他们，从而赢得他们的好感。

何为真正的领导力

　　一个优秀的学生干部不一定是一个成功的企业人士或社会人士。在我看来，在校大学生校内学生工作的领导力只是将来社会领导力的一个方面，这个方面对将来成为一位成功的领导者能起多大作用，还要因人、因环境、因时代而论。

　　美国希尔顿饭店创立于1919年，在80年的时间里，希尔顿从一家饭店扩展到了100多家，遍布世界五大洲的各大城市，成为全球最大规模的饭店之一。

希尔顿饭店之所以能发展得这么快，是因为其牢牢确立了企业理念定位，并把这个理念贯彻到每一个员工的思想和行为之中。

创业之初，希尔顿饭店就着力创造"宾至如归"的文化氛围，他们注重企业员工礼仪的培养，并通过工作人员的"微笑服务"体现出来。

除此以外，作为饭店的创始人，希尔顿在89岁高龄时，还不断地飞到分设在各国的希尔顿饭店、旅馆视察业务，看看员工的"微笑服务"是否执行到位。

希尔顿在50多年里，每天不辞辛苦，从这一洲飞到那一洲，从这一国飞到那一国，专程去看看企业的"微笑服务"理念是否贯彻于员工的行动之中。

为了把这个理念深入到员工心里，希尔顿特意写了一本叫做《宾至如归》的书，时至今日，这本书已经成为每个希尔顿工作人员的"圣经"。

正是在希尔顿的努力下，希尔顿饭店的资产从5000美元发展到数百亿美元，希尔顿旅馆吞并了号称"旅馆之王"的奥斯托利亚旅馆，买下了号称"旅馆皇后"的纽约普拉萨旅馆。

"你今天对客人微笑了没有？"这句话俨然成为希尔顿员工的互相问候语。能让员工拥有这样的工作好习惯，充分证明了希尔顿饭店执行理念的有效性。

正是因为唐纳·希尔顿领导有力度，下属员工执行力强，这样才使得希尔顿饭店迅速发展，闻名于全球。

这让人们不禁要问：究竟何为领导，何为领导力？领导就是指引和影响组织，而领导力就是指在管辖的范围内充分利用人力和客观条件，以最小的成本办成所需的事，提高整个团体的办事效率。有100件事情，一个人都做了，那只能叫做勤劳；有100件事情，主事的人自己一件也不做，手下的人就帮他把所有的事情都办好了，而且回过头来还要感谢他提供这样的锻炼机

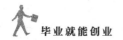

会，这就是领导！所以，领导者可以不必擅长某些专业领域的技术工作，只要能合理高效调动那些专业人士为自己工作就可以了。

然而，当今社会，太多人曲解了领导力的含义。人们普遍认为领导就是能正确地做事，按章行事、维持现状、事必躬亲、维持局面、独善其身。但真正拥有领导力的人却不同，他们不光专注于正确地做事，而是更懂得做正确的事。

脱离执行力的领导力是空中楼阁

美国著名经济学家保罗·托马斯和大卫·伯恩，在长期跟踪企业的发展研究时提出了执行力的概念，认为企业成功20%靠策略，60%靠执行力。

执行力文化将成为21世纪企业的主流文化。只有将执行力融入企业文化中，使其成为企业文化的一个组成部分时，才能使企业的每一个员工都理解并努力成为执行力文化中积极有为的一分子。这样，企业文化才能发挥出巨大的能量。

很多到过海尔公司的人，都会看见这样一个标牌："日事日毕，日清日高。"这是海尔所有员工工作的目标。

原来，在张瑞敏把那七十六台冰箱砸掉后，海尔每个人的心中都刻下一道永远不能抹去的伤痕，"它"时刻都提醒他们，要有强烈的责任心，做好每件小事，每个细节。

海尔能从一个濒临倒闭的小厂发展成为国内外知名的企业集团，就是因为海尔让企业文化在员工心里落地生根了，即"日事日毕，日清日高，执行力要从每日的工作做起"。

海尔集团总裁杨绵绵说过：卓越的执行力是企业核心竞争力的重要部分，如果被动地执行，无法适应市场变化，就如同下雨了才去买雨衣一样。

海尔文化中最突出的是执行力强，高层决策基本可以不走样地落实到基层。同时，强调执行工作的效率，海尔的作风是"迅速反应、马上行动"。

由此来看，没有执行力一切都是枉然。通过对大量国内企业的研究并与外企进行对比，可以发现员工执行力差的原因不外乎以下几个方面，如图8-1所示：

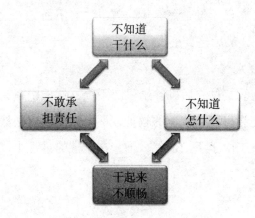

图8-1　员工执行力差的原因

（1）不知道干什么

有些新就职的大学生确实是想做一些事情，他们也善于行动，可是，遗憾的是，他们不知道具体做什么，也就是说，他们需要别人的具体指点，别人不说，他们就不知道自己应该怎么做。而且他们没有积极主动的精神，不管做好做坏，他们都没有自我完善的动力。面对这样的人，就需要公司给予指导和监督了。

有的公司没有明确落实的战略规划，没有明确的营销策略，没有明确的指令，还有一些公司政策经常变，策略反复改，再加上信息沟通不畅，在这种情况下，员工会很茫然，只好靠惯性和自己的理解去做事。

（2）不知道怎么干

外企的员工入职后一般都要经过严格的培训。几年前外企流行招聘非医药专业的大学生做代表，但是他们正式上岗前都要把产品知识烂熟于胸，都要经过1～2周的销售技巧培训，而且每年都有规定时长的培训。

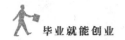

而国内某些企业则不然，员工要么没有培训直接上岗，要么对员工的培训没有针对性和实操性。如有的公司对员工做励志培训和拓展训练，使员工热血沸腾，但工作怎么干还是不知道；有的公司给低层员工做一些行业趋势、宏观战略的培训但没有教给他们方法。

当然，这里面还有一个比较普遍的深层次原因，就是中高层领导领导力差，业务能力差，自己不知道怎么干，就没法对下面的人说清楚，总监说不清，经理也说不清，最后是真正执行的最底层不会干，有苦说不出。

（3）干起来不顺畅

如果士兵在前线打仗，后勤补给供应不上，通讯中断，请求支援但是指挥部没有反应，伤兵得不到快速的救护，那士兵的斗志必然会受到很大的影响。同理，企业员工由于不知道怎么干，在做事的过程中，就被各种程序性的东西消磨了热情。

（4）不敢承担责任

一些大学生求职中很计较企业能给予的东西，如薪资待遇，但工作中却不敢承担责任。他们过于自信，急于成功，频繁跳槽，当被问起跳槽原因时，总是说这家企业不规范，那家企业不正规或没有发展空间，不从自身找原因。一旦遇到挫折，激情和追求退化，挫折承受能力下降，承担责任和使命的勇气消减。

主动承担责任，这是领导力的第一步。承担带领团队实现目标的责任，把焦点放到集体利益上，不但要求不从自己的个人利益出发，还要求不从任何团队成员的个人利益出发。承担责任还包括承担失败的责任。能否对失败有充足的心理准备，并能勇于承担失败的责任，是对领导力的重要测试。

解决领导力问题的关键

评价一个领导是否优秀与卓越，关键是看解决问题的能力，说的再好不如做的更好。"领导力"的分解就是"领导+力"，"领导"是艺术，"力"

是执行力、解决问题的能力。也就是说，做领导要有艺术的眼光，有解决问题的方法，而不是用艺术的方法去推卸责任、打太极，做推、拖、脱的高手。

领导不行、领导不好、领导无能，一研究就是换领导，领导是换了，但还是没有得到质的改变。解决问题的能力不是与生俱来的，必须在实际工作中磨炼，并加以总结与感悟，形成一套自己解决问题的思路与方法。

某企业邀请一位"经营达人"任公司总经理，希望他能改变公司目前的经营现状。总经理上任后，简单了解了一下公司情况：人员流动性大、员工积极性不高、工作效率差、员工水平层次不齐……

评估后，总经理决定采取精细化的方法，首先与各部门主管沟通，深入了解员工的执行进展以及存在的问题，并要求部门主管制定详细的员工岗位职责要求，但自己则为这些主管制定具体工作职责，让主管、员工明白自己该做哪些事情，如何做才能算完成任务。与此同时，他组织人员完善公司制度，促进员工提高执行效率，养成良好的执行习惯。

总经理召集全体员工开会，将企业新制度传达下去，并且督促员工严格遵守岗位职责，还提出一项非常特别的要求——每位员工制订一份执行计划书。

总经理发现，不少人在执行的时候缺乏计划性，常出现手忙脚乱的情况，导致执行效率低，但如果有执行计划作为指导，工作便能有条理地推进，于是他开始不定期地检查员工的执行计划表，一旦发现不妥之处，就立刻要求对方修改。

为了提高企业的整体执行力，他还建立了培训机制，由于员工自身情况不同，他们所需要参与的培训课程也不一样，他先将员工进行分类，再有针对性地开展培训，使得执行效果最大化。

同时，他改革了原有的薪资制度。之前企业是按岗位定工资，并且一成不变，与员工业绩好坏没有直接关系，导致部分员工缺少执行积极性。于是他制定了业绩考核体系，并附上详细的考核指标，例如：销售员完成全部销

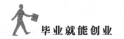
售任务，提成为基本工资的100%，完成80%任务，提成为基本工资的80%……以此类推。这样销售员便知道自己的目标了；主管也可以为员工"打分"，他们的出勤率、工作完成率、误差率都能成为衡量员工优秀与否的指标。

总经理很重视员工制定的报表，要求报表内容要细分，要做到"日报、月报、年报"面面俱到。他要求员工尽量用数据反映执行问题，少用文字性描述，更不能用"大约、好像、应该"等模糊性词语，用数据反映问题，既一目了然又深刻。

半年后，该企业经营状况出现好转，不仅员工的执行状态发生很大变化，企业整体氛围也严谨了不少，各环节紧密联系，误差率明显降低，即使出现差错，员工也能在第一时间找到问题所在，并及时更正。

检验领导解决问题的能力：首先是发现问题的能力，其次是分析问题的能力，最后是解决问题的能力。三者之间环环相扣，发现问题是一个领导的基本能力，分析问题是检验一个领导的思路与深度、全面、宏观的整体协调能力，解决问题的能力是体现一个领导是否具备决策力、判断力、敢于承担责任的能力。

解决问题的能力也是一种态度，愿意去解决，还是不愿意去解决，是把它当乐趣还是把它当作负担。思维不同产生的结果一定不同，因为什么样的思维决定了有什么样的行动，什么样的行动就决定产生什么样的结果。

想有结果请立即付诸行动

人人都想要获得成功，但大部分人只是想想而已，并不付诸于行动，所以才使得这个世界上只有少数人取得了成功。

成功者在付诸于行动时，除了自己努力外，还需要得到他人的支持和配合。而要想得到其他人的支持配合，则必须具有领导能力。

然而，一个人的领导能力不是与生俱来的，它是通过后天慢慢培养出来的。图8-2是大学生提高自己领导力的一些方法。

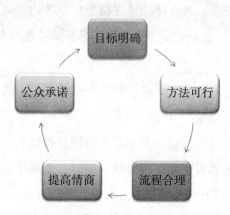

图8-2　提高大学生领导力的方法

（1）目标明确

目标明确就是要落实指标。以销售为例，指标定的准确、能落实，是做预算、定政策、激励考核的基础，是销售管理中最重要的事。大多数公司的年度销售指标也都分解到大区、省区、办事处和代表，但这还远远不够，销售指标要想既准确又能落实必须层层分解，直到不能再分。使目标明确的另一个辅助手段是工作单制，工作单上明确描述工作内容、期望结果、完成时限、可用资源、负责人、主要协助人等，并签字生效。

（2）方法可行

岳飞靠发明钩镰枪，教给士兵钩马腿而大破金兀术的拐子马。如果没有这个可行的方法，岳家军再勇猛也未必能取胜。执行层的任务既然是执行，管理者就应对其提供具体的操作方法。

制定一个可行的方法需要决策、支持、反馈三个环节有效配合。支持可以是高级员工给下属的业务指导，也可以是专业的内部或外部培训，其中需要注意的是，对于执行层来说，传授工具和方法远比传递思想更重要，励志培训不会带来多少业务增长，解决问题更多是靠方法而非热情。

（3）流程合理

要想使流程合理，首先要转变管理思想，一是老板要适度放权，二是部门之间要强化支持功能、淡化管理功能，尤其是不能让外行管内行。比如说财务部和销售部的关系，财务部的管理功能应该体现在两个方面，一是审核票据真实性和合理性，二是在做下一年度的预算时控制财务指标。

（4）提高情商

良好的人际关系是形成领导者影响力的基础条件，而感情交流是通往良好人际关系的桥梁。领导者只有具备了情感，才能"以情感人"获得其他人的尊重。要积极参加团体活动，主动帮助有需要帮助的人；要善于站在对方的角度思考问题，遇事不要太过情绪化。同时，要善于发现他人的长处，激励、赞美他人，形成良好的说话及为人处世艺术。

（5）公众承诺

何为公众承诺？就是当着众人的面许下承诺，让尽量多的人知道你的计划。比如，你要考研了，又没有十分的把握和决心，那么，你就可以告诉你的朋友、告诉你的家人、告诉你的同学，总之人越多越好，包括和你关系不好的人。

向公众公开承诺你要实现的目标，是高调做事的表现。既是对自己的激励，又是对自己施加压力，以断后路，从而背水一战。同时也是获得公众支持的一种途径。真正的成功者都是先相信自己可以成功，然后再努力去达成目标的人。

2. 培养领导艺术的素质训练

理念和目的

　　领导艺术是指在领导的方式方法上表现出的创造性和有效性。一方面是创造，是真、善、美在领导活动中的自由创造性。"真"是把握规律，创造性地将方式方法升华到艺术境界；"善"就是要符合政治理念；"美"是指领导使人愉悦、舒畅。另一方面是有效性，领导实践活动是检验领导艺术的唯一标准。

　　【理念支持】

　　① 要想成为一个合格的领导，首先要不断地对领导的含义和寓意进行深刻的思考。

　　② 孔子曰："知所以修身，则知所以治人，知所以治人，则知所以治天下国家矣。"

　　③ 老子云："万物负阴而抱阳，冲气以为和。"

　　【训练目的】

　　① 从小培养学生领导者的能力，增强对领导艺术的深刻理解。

　　② 让学员区分领导和管理之间的本质区别。

　　③ 使学员充分发挥领导才能，组织大家完成既定任务。

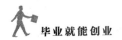

④ 领导与领导艺术是两个完全不同的概念。

美国前总统尼克松对"领导"是这样描述的：伟大的领导能力是一种独特的艺术形式，既要求有非凡的魄力，又要求有非凡的想象力。领导是一个群体现象，涉及到的是人之间的互相影响，在群体内部有上下等级结构。领导既是一门科学，也是一门艺术。

鹦鹉的故事

现代职场就像"江湖"一样，升职不是靠颜值，而是凭借实力。领导在乎的是你有没有他想要的东西！作为一个员工，如果你想升职，想要实现人生价值，就要拿出真本事来。

常言说，"人不可貌相，海水不可斗量"。真正有实力的人不是用嘴吹捧出来的，而是奋斗出来的。真正识才的领导，会从你普通的外表看到你的价值。

一个人去买鹦鹉，看到一只鹦鹉前标着：此鹦鹉会两门语言，售价200元。另一只鹦鹉前则标道：此鹦鹉会四种语言，售价400元。该买哪只呢？两只都毛色光鲜，非常灵活可爱。这人转啊转，拿不定主意，突然发现一只老掉了牙的鹦鹉，毛色暗淡散乱，标价800元。这人赶紧将老板叫来："这只鹦鹉是不是会说八种语言？"店主说："不。"

这人奇怪了："那为什么又老又丑，又没有能力，怎么会值这个数呢？"

店主回答："因为另外两只鹦鹉叫这只鹦鹉老板。"

上面这个寓言告诉我们，优秀的领导不一定有出众的专业技术能力，但要懂得信任属下，懂得向属下放权，懂得珍惜属下的才华，同时懂得让下属在正确的位置发挥能量，就能团结比自己更强的力量，从而提升自己的身价。

艺术境界

老子的《道德经》中有这样一段话："太上，下知有之。其次，亲而誉之。其次，畏之。其次，侮之。信不足，焉有不信焉。悠兮其贵言。功成事遂，百姓皆谓我自然。"这段话的意思是：一个成功的领导者，给属下的感觉是感觉不到他的存在；其次的领导者，部下愿意亲近并称赞他；再次的领导者，部下会畏惧他；更次的领导者，部下轻蔑他。从这段话中可以看出，领导者的诚信不足，部下才不信任他，最好的领导者是多么悠闲，很少发号施令，事情却办成功了，众人说这本来就是很自然的事。

我认为，领导艺术的最高境界，就是能够对属下的每一位员工做到知人善任，让每一位员工坐到适合他的位置上发挥其潜力。

1797年，亚当斯当选总统，他是美国历史上的第二位总统，在他担任总统时，美国与法国的关系已陷入困境。到了1797年底，两国处于剑拔弩张、一触即发的交战前夕。

在这危机时刻，亚当斯心里明白，要想打胜仗，必须要会用人才，这就需要寻找懂得作战的人才，首先要找的是得力的统帅。

由于此场战争对美国十分重要，所以，当时有很多人劝亚当斯要亲自统帅军队，总统出马，会鼓舞士气，提升战斗力。

亚当斯并不这样认为，他对自己非常了解，自己有管理能力，但并不具备军事上的特殊才能。于是，他经过一番思考和观察，发现第一任总统华盛顿具备统帅才能，华盛顿正是唯一能够唤起美国军魂、团结全美人民的统帅。

经过权衡，亚当斯下定决心要请华盛顿出山。

听到亚当斯要请华盛顿出山的消息，他的亲信们非常惊讶，他们一致反对亚当斯请华盛顿参与这场战争。在他们看来，华盛顿作为美国开国元勋、首任总统，其影响力太大了。他的此次复出，一定会再次唤起人民对他的崇敬和留恋，呼吁他连任总统，这样一来，势必会对亚当斯的威望和地位造成威胁。

面对下属的反对，亚当斯并没有动摇，他认为"千军容易得，一帅最难求"，而国家的利益和命运高于一切，为了国家的利益，他觉得自己牺牲个人利益也值得。从这里可以看出，亚当斯具备优秀领导者的宽阔心胸和气魄！

亚当斯立刻授权汉尼尔顿给华盛顿写了一封言辞恳切的邀请信，在信中，他态度诚恳地请求华盛顿再次担当大陆军总司令一职。

为了表达自己的诚意，亚当斯又亲自给华盛顿写了一封信。在这封信中，他写出了肺腑之言："当我想到万不得已而要组织一支军队时，我就把握不准到底是该起用老一辈将领，还是起用一批新人，为此我不得不随时要向你求教。如果你允许，我们必须借用你的大名去动员民众，因为你的名字要胜过一支军队。"

华盛顿接到这两封信后，非常感动，他回信表示愿意立刻肩负重任。幸运的是，就在华盛顿准备率军出征的前夕，亚当斯凭借自己的能力和口才，终于通过外交斡旋的途径同法国达成了和解。就是这件事，当时被美国人民传为佳话。

不久，有一位著名的记者在采访他时，特意提到了这件事，记者问他："您为什么不怕华盛顿复出会再次唤起人民对他的崇敬和留恋，进而威胁您的威望和地位？为什么敢于起用比自己更优秀的人？"

面对记者的提问，亚当斯并没有直接回答这个问题，而是向这位著名记者讲起自己少年时的一件令他难忘的事情：

"年幼的时候，父亲要我学拉丁文。那玩意儿真无聊，我恨得牙痒痒。因此，我对父亲说，我不喜欢拉丁文，能不能换个事情做？"

"好啊！约翰。"父亲说，"你去挖水沟好啦，牧场需要一条灌溉渠道。"

于是，亚当斯真的到牧场去挖水沟。可是，拿惯笔的人，拿不惯锹。那天晚上，他就后悔了，整个身子疲惫不堪，只是他的傲气不减，不愿意认错。于是，他咬紧牙关又挖了一天。傍晚时，他只好承认："疲惫压倒了我的傲气。"于是，他又回到了学拉丁文的课堂上，经历这件挖水沟的事件后，他再也不恨拉丁文了。

在以后的岁月里，亚当斯一直铭记着这次挖水沟事件带给他的教训，那就是：我们必须承认人有所长，也有所短；人有所能，也有所不能。认为自己样样都行，实际上恰恰是不自量力。

讲完往事，亚当斯深有体会地说："真正出色的领导者，绝非事必躬亲，而是知人善任，特别是能敢于起用比自己更优秀的人才。如果高层领导者事无巨细，一律包揽，那只能成为费力不讨好的勤杂工似的领导者。"

正是因为亚当斯知人善任，他才凭借众多的优秀人才，特别是凭借那些比自己更优秀的人才，一步一步地攀登上了成功的巅峰。

亚当斯的故事告诉我们，领导者的领导艺术就是识人，要清楚属下的长处和强项，只有这样，才能够让属下发挥专长，在为企业创造价值的同时，也在发挥自己的潜力。

一个优秀的管理者，在某些专业领域不要求他具备什么过人的才干，也不需要他凡事亲力亲为，只要他能够把员工安排在合适的位置上就足够了。

很多时候，一个企业缺乏足够的外部竞争力，不是因为缺乏人才，而是企业领导的管理艺术没有达到识人的最高境界。

游戏演练：排雷

游戏名称：排雷。

最适人数：全体学员。

游戏道具：5米长绳子若干根（每组6根）、1米长木棍若干根（每组2根）、盛满水的水桶若干（每组一只）、白灰若干（每组1瓶）。

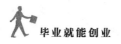

游戏规则：

① 游戏过程中不准学员踩线，若踩线需重新开始。

② 游戏中学员只能通过肢体语言进行交流，否则游戏重新开始。

③ 在游戏过程中桶中的水不能洒出到外面，否则游戏重新开始。

④ 游戏过程中有一次暂停的机会，时间是2分钟。

操作方式：

步骤1：将学员带到指定位置。

步骤2：由教官宣布游戏规则，并给学员2分钟的策划时间。

步骤3：在整个游戏过程中，从此刻开始学员进入监督角色。

步骤4：宣布安全注意事项。

步骤5：宣布游戏开始。

步骤6：游戏结束，集合总结。

游戏重点：

① 不准学员在游戏期间说话，教官中途不准指导学员。

② 所有运作都要靠学员自行安排进行。

③ 认真观察每个学员在其中所起到的作用和角色。

安全措施：

时刻关注学员状态，以防发生安全事故。

【训练步骤】（略）

 训练笔记

_____

_____

_____

_____

_____

3. 勇于承担责任的素质训练

理念和目的

勇于承担责任，是我们每个人应有的品质，更是一个人成功的基石。在工作和生活当中，责任感意味着执行力，当你感到肩上的责任重大时，你才能够积极地付诸行动。

责任感让我们对工作、生活拥有积极的态度。责任赋予每个职场人优秀品质，即使职位再渺小，工作再平凡，也伴有不可推卸的责任，谁放弃了责任，谁就会被成功抛弃！

责任的力量在于，不以个人功利为目的，任何时候都对自己经手的工作、学习负责，这才是真正的负责。只有愿意承担责任的人才能够成为一个一流的行动者，只有成为一个一流的行动者，才能创造一流的成就！

【理念支持】

① 勇于承担责任，马上行动。不要害怕承担责任而不敢去做。

② 借口就是推卸责任，借口就是不负责任的表现。

③ 用生命去负责，是负责的最高境界。当一个人用生命去负责，一切将会发生改变。

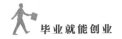

【训练目的】

① 让大学生明白责任的重要性。

② 让大学生学会对自己负责，对自己的父母和团队负责。

③ 让学员养成勇于承担责任、对自我承诺马上付诸行动的好习惯。

大学生的责任，并不是别人给你的，而是自己成熟的思想内定的。你们都说自己长大了，都说自己成熟了，但我觉得，20岁左右的你们只是一种表象的成熟。你对父母、企业等都具有无法推卸的责任，你们不能够也不应该在无为与堕落当中放弃应该承担的责任。

洗厕所出身的邮政大臣

进入职场后，如果我们只是为老板工作，只是为了每个月的薪水工作，那么你无论做多久，都只是一个打工的；如果你为自己工作，像老板一样把工作当成事业经营，那么即使你做着最不起眼的工作，照样会做出令人瞩目的成就！

一位刚毕业的女大学生，初入职场的第一份工作，就是到东京帝国酒店做服务员。入职的第一天，领导交待她的工作令她震惊不已，这份工作就是洗厕所！

领导对工作质量的要求非常高：必须把马桶抹洗得光洁如新！领导安排完就让同事带她去了洗手间。

面对这份出乎她意料之外的工作，她犹豫了。如果接受这份工作，她在心理上很难适应，毕竟，自己可是堂堂毕业的大学生啊！

如果另谋职业，那第二份工作就是理想中的工作吗？

同事看到她的犹豫态度，不声不响地为她做了示范，当同事把马桶洗得光洁如新时，他竟然从中舀了一杯水喝了下去！

同事对工作的态度，使她明白了什么是工作，什么是责任心。从此她漂亮地迈出了职业生涯的第一步，并踏上了成功之路。

经她清洗的厕所，光洁如新，为了证明自己的工作做到位了，她也不止一次地喝过马桶里的水。几十年一瞬而过，而她也成长为日本政府的邮政大臣，她的名字叫野田圣子。

同样是作为刚毕业的大学生，你敢从自己洗过的马桶里舀水喝吗？在工作中追求完美，这既是工作责任感的体现，也是对自己人生负责的体现。正是在这种力量驱动下的人，那些优秀的人会永远保持最旺盛的工作热情、最忘我的工作态度。正是因为他们的这种工作态度，让他们成为每个组织和机构最欢迎的雇员、每一个老板最欣赏和重用的人才。

三个情景

美国总统杜鲁门上任后的工作座右铭是：问题到此为止。也就是说让自己负起责任，不要把问题丢给别人。这就需要我们必须要有强烈的责任心。国家总统尚且如此，何况我们普通人呢？

在工作中，我们常见有这样一类人，他们头脑聪明，能说会道，给人一种很能干的印象，可是，出人意料的是，他们在工作中却没有多少业绩，甚至经常出纰漏，究其原因，就是因为缺乏责任感。

一般来说，面对同一件事情，缺乏责任感的人会出现三种不同的情景：

情景一：两个孩子踢足球，不小心打碎了教室的玻璃窗。甲说：不关我事，是他把球踢到窗户上的。乙说：要不是你把球踢到窗边，我怎么会踢到这个窗呢？

情景二：孩子不小心弄坏父亲心爱的花瓶，却告诉父亲是家里的小猫弄的，结果猫被爸爸狠狠踢了几下。

情景三：班里几个孩子打了起来，在班主任面前很不服气地在七嘴八舌

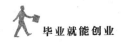

说个不停，都说是别人先打到自己，自己才还手的。

以上三个情景中，面对自己犯下的错误，他们给出的借口，就是一种不负责任的表现。对于一个有责任感的人来说，面对自己犯下的错误，他们不但会正确面对，还会主动承担责任。

正确分析问题，勇于承担责任，是每个人做好大事的必要前提。我们一定要相信，没有解决不了的问题，只有找不到方法的人。如果不以任何失败的可能性寻找开脱的借口，就不会为所要达到的目标寻找任何退路，拿出破釜沉舟的勇气，你就有可能让自己的处境出现"山穷水尽疑无路，柳暗花明又一村"的转折。

游戏演练：潮起潮落

游戏名称：潮起潮落。

最适人数：以排为单位（一般为15人左右）。

游戏道具：无。

游戏规则：

① 所有学员平躺在地上，形成两列头对头之势。

② 学员的头与头之间相互交叉。

③ 学员双手上举，掌心与地面平行，形成一个水平面。

④ 其中一位同学站在队伍一端，垂直躺下，由地上的学员将其从队伍的一边运到另外一边。

⑤ 被运过去的学员，必须接在排尾躺下，负责其他学员的运送。

操作方式：

步骤1：将队伍带到一个宽阔的地方，例如操场中央。

步骤2：宣布游戏规则。

步骤3：由教官进行演示，学员进行准备。

步骤4：教官宣布开始命令。

步骤5：宣布结束命令，集合总结。

游戏重点：

① 强调每个人身上所承担的责任。

② 强调每位学员的执行力。

③ 强调责任与执行之间的关系。

安全措施：

① 注意关注学员的脚下动作，以免学员把其他学员致伤。

② 要求所有学员集中精力，以免被运送的学员伤到其他学员。

【训练步骤】（略）

训练笔记

_____

_____

_____

_____

_____

_____

_____

_____

_____

_____

_____

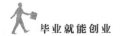

4. 敢于公众承诺的素质训练

理念和目的

在这个世界上，不乏努力工作的人，但并不是每一个努力的人都能成功，因为不是每一个人在努力的时候，他都清楚知道自己的目标。那些功成名就者，都是清楚地知道自己想要什么，他们的目标非常明确。在努力过程中，他们心无旁骛，任何人、任何事情都不能左右他们向前冲的念头。

如果你没有奋斗的目标，你就不能朝着终点线奔去，那么不管你跑了多久，你都永远到不了终点。这便是公众承诺，让自己和所有人知道你的目标，然后你便只干一件事——全力以赴地往目标奔去！

很多大学生往往没有自己的目标与追求，甚至有了目标都不敢说出来，而是默默地去努力。这样一来，虽然保住了面子，但也让你为自己实现不了目标有了借口。

缺乏承诺的勇气和实现目标的信心，会让你少了向目标奋斗的动力。大学生应敢于在公众面前表现自己，将更多人的见证转变为自己前进的动力。突破自我防线，更好地发挥自己的潜能。

【理念支持】

①公众承诺的力量是强大的，但必须在公众面前才能更有效地实施诺言。

② 要敢于在公众面前表现并宣布自己的诺言。

③ 当众承诺是信心的源泉，它可以让你更加自信。

④ 永远相信，你的态度决定你的高度。

【训练目的】

① 让公众的力量来督促大学生实现自己的诺言。

② 让公众的力量来监督大学生要言而有信。

③ 培养大学生敢于公众承诺的勇气。

④ 提高大学生不断追求自己理想的欲望。

当自己要实现某一个目标时，最好把它当作一个公众承诺说给身边的亲朋好友听，你会发现自己的潜能竟能轻而易举地被挖掘出来。当然，这个减重的承诺只是一个引子，我们应该把手里的工作，都制定好一个明确的目标，把它变成一个公众承诺，让大家来给我们力量，这样会让我们如虎添翼，更快地实现目标！

承诺兑现

信守承诺，是做人的基本准则，也是一个人立身处世的根本。在工作中，把自己的目标向公众做出承诺，这样往往更能自我激励。

就像万科的董事长王石说的：往往成功就是再坚持一下，等你登上高峰就能享受无限风光。但你如果想放弃那太容易了，你就永远享受不到登山的快乐。

公众承诺就是给了我们无数的实现自我目标的监督者。成功的秘诀就是敢于向公众做出承诺，而且敢于面对那些非常讨厌你的人，告诉他们你会达到什么目标。当你真正成功后，你不但让自己提高了一个层次，更是给周围人留下了"可靠"的形象。

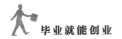

游戏演练：公众承诺

游戏名称：公众承诺。

最适人数：全体学员。

游戏道具：无。

游戏规则：

① 做出承诺的学员必须要将自己的目标清晰地表达出来。

② 在承诺时要注意声音洪亮，达到让在场的每个学员都能听到的标准。

③ 承诺时标准顺序是：亲爱的同学们，大家好！我叫xxx。我的近期目标是……我的中期目标是……我的长期目标是……我的终极目标是……。我要在N年后实现我的目标，若完不成我将……。承诺完毕。

操作方式：

步骤1：将队伍带到操场中央。

步骤2：由教官宣讲规则。

步骤3：由教官将第一排带到指定位置进行宣誓，以此类推。

步骤4：当全体学员都宣誓完毕后集合队伍。

步骤5：进行讲解后学员分组讨论。

步骤6：进行训练总结并宣布训练结束。

游戏重点：

① 告诉同学们公众承诺的意义和作用。

② 告诉同学们宣誓目标要清晰化、合理化。

安全措施：

认真观察每个训练细节，以防有安全事故发生。

【训练步骤】（略）

训练笔记

第九章

提高生存技能，强化职场生存力

1. 强化个人职场生存能力

李白有一句"天生我材必有用",如何让自己的所长和能力为企业所用,并且为企业创造最大价值,也是当前大学生特别需要关注的。

实际上,一个人在职场上的生存能力,除了才华外,还需要拥有勇于面对和解决问题的能力。在每一日的工作流程中,都会有许多意想不到的问题出现,你此时要做的就是凭借自己的力量来解决这些问题。

学习一些生存技能是补课

现代年轻人普遍缺乏一些基本的生活技能,虽说在社会分工日益细化的当代,很多生活技能已经不再是必备技能,花钱雇人也能解决,但在现实生活中,花钱找人帮忙终究会为自己的日常生活带来诸多不便,靠自己解决会更加方便。

有一个学院为了提高学生的动手能力,特意把一个200多平方米的废弃仓库进行了装修,取名为"大学生生活体验中心"。

在这里,大学生可以根据自己的兴趣来选择,包括烘焙、茶艺、打毛衣、换灯泡、做菜、组装家具等技能。

学院的"大学生生活体验中心"不但锻炼了他们的动手能力，还培养了他们的生存技能。

生活的规则是触类旁通，特别是动手能力，若养成习惯，学会了做这个，那个看看、学学就会了。

当下很多年轻人缺乏生活技能，也是诸多因素共同作用的结果，归根结底是强化的应试教育体制和独生子女时代双重环境相互影响的结果。

在应试教育压力之下，大部分孩子的学业负担非常重，成绩逐渐成为升学的唯一指标，为了顺利升学，为了能够一路读重点学校，不得不把精力和心思全耗费在学习上，父母也直接包办代替孩子自己应该做的事。

殊不知，成年人的生活包罗万象，并不只是学习成绩好就万事大吉了。当孩子真正走上社会，若缺乏生活技能，不但求职时会四处碰壁，成家立业之后家庭矛盾更是立马显现。

佳宜和王刚是一对"95后"小夫妻，俩人谈恋爱三年，却在婚后半年就离婚了。离婚的导火索就是夫妻俩都不会做饭，一天三顿叫外卖。时间长了，俩人吃厌了外卖后，俩人经常为谁做饭发生争执，矛盾渐渐升级，最终以离婚收场。

在现实生活中，像这样因为不会家务而分开的人很多。虽然是相爱容易相处难，但家庭必定是温暖、有烟火气息的地方，如果夫妻双方长久地懒于做家务，势必会影响到正常的生活。由此来看，大学生学一些生活技能，只会让自己受益无穷。

学校给大学生补上失去多年的生活技能课，不管这些生活技能是否属于生活的必备技能，也不论这些生活技能是不是显得很初级，但对大学生而言，学了没有坏处。相反，对毕业后的人生路有很大帮助，可以提高独立生活能力，既有利于养成朴素的生活习惯，又能增强大学生适应社会的能力，

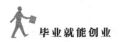

既有利于大学生日后的生存发展，也有利于其将来的家庭生活。

职场新人必知的生存常识

职场如战场，但这是一场没有硝烟的战争。大学生如何在职场上立足，靠的不仅仅是实力，更多的是生存常识。这些生存常识有很多，有时候要学会表现，学会控制情绪，这样才更有利于自己在职场中立足。

一般来说，职场新人的生存常识如图9-1所示：

图9-1 职场生存常识

◆ **生存常识一：不说三道四**

在工作当中，总有那么一些人喜欢背后对某人说三道四，评论是非。面对这种场面，你要远远地躲开，实在躲不了，也不要参与议论，而是保持沉默，把听到的话烂在肚子里。常言说，谣言猛如虎。四处散布谣言的后果对自己百害无一利。在职场上，既要做到沉默如金，还要做到惜字如金。尽量把说闲话的时间用于提高自己的工作技能。

◆ **生存常识二：不违反制度**

大学生活，让很多大学生自由惯了，刚走上工作岗位的时候，还不能完全按照工作规定来要求自己，总是忽视单位内部的规定。尽管工作起来干劲很足，但就是考勤上经常迟到早退，这往往是纪律严明的用人单位最不能容忍的。所以在上班时间一定要严格要求自己。

◆ 生存常识三：不强出头

怀有谦虚谨慎的心态。有一些初入职场的大学生，认为自己学识丰富、能力非凡，认为自己生来就是当领导的料儿，所以，会在工作中过分地表现自己，事事爱强出头，表现出一幅指点江山的架势。职场毕竟跟学校环境不一样，你应该拥有归零心态，放下大学生的架子，充分尊重领导和同事的意见，虚心请教，努力做好本职工作。

◆ 生存常识四：不放弃每一次表现

在上班时，对于上司或同事交办的每一件事，不管大小，无论多么细碎、繁琐，你都要尽全力克服一切困难，力求在最短时间内高效、高质量地完成。要记住在表现自己的时候，想办法做一个"有声音的人"，用自己的实力引起上司和同事们的注意。比如，向上司汇报工作，要先汇报结论，要是时间充裕的话，再详细汇报细节；如果提交的是书面报告，一定要记得写上自己的名字。

职场生存能力记住三"最"

人生中很重要的一个决定，是如何选择第一份工作。刚刚步入社会的新人，不妨采用以下三"最"，来设计自己的职场方案。

◆ 第一最：进最有声望的企业

梅丰是一个拥有博士头衔的海归，学有专长的他很快被一家有名的电机企业录用了。

梅丰学习成绩优异，他自以为自己会是公司里的佼佼者。他成为公司数千名工程师的一分子后，才发现自己只能算C＋的水平。

上班第一天，部门经理要求他写一份程序，他用半小时写出了100行代码。他交上去的报告被经理搁置在一旁。只见经理在短短几分钟内，写出寥寥30行的程序，操作性比他的更强。这件事让梅丰深受打击，从此，他对自

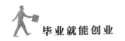

己的要求比以往高了好几倍。

大公司能提供的待遇也许不是最高，但在参与职场竞争方面，却能给新人两张小公司无法给予的门票：一张是视野，一张是做事的高标准。

◆ 第二最：站在最高领导的角度想问题

苏强从经济管理系本科毕业时，有三四个工作机会可以选择，几经对比，他选择做其中一家化妆品公司的董事长助理。

他入职那天，前任助理向他交接工作时说道："在这里简直就是浪费时间！因为助理的任务就是收发公文、做会议纪录、安排董事长的行程，简单来说就是打杂。"

苏强没有受前任助理的影响，他心里明白，同样的工作，在不同人的眼中，从不同的角度去看，会有天壤之别。

虽然同样是每天接触公司的决策文件，苏强却能够从中看出董事长批公文的思路。一场场会议纪录让他见识到企业如何经营、决策如何产生。为此他总结出：再没意思的工作，如果用老板的眼光来看待，就能看出价值所在。

短短几年时间，苏强从一个初出茅庐的毛头小伙，成为公司的部门负责人，就是因为站在老板的角度看世界，奠定了他日后的成就。调整一下自己看问题的眼光，就能激发学习的无穷动力，助自己飞速进步。

◆ 第三最：向最好的老师学习

即便没有大公司的栽培，如果能在小公司遇到良师，同样能受益不尽。

我亲戚家的孩子大学毕业后，先后面试了两家公司：

他面试的第一个公司，是国内五百强的大企业，福利待遇都比较好；第二个公司虽然是小公司，薪水也不高，但因为公司处于发展阶段，聘请的都是国内同行领域的权威专家，发挥潜能的空间更大。

他左右权衡后，决定去第二家公司。他认为，去大企业，人才济济，竞争激烈，很难有专家认真教自己。而去小公司，他这个重点大学毕业的学生会受到重视，他正好借此机会学习完善自己。

事实正如他所料，由于公司人手有限，他既跟着老板学管理，又跟着专家学技术，这让他在深谙技术的同时也颇具商业头脑。在两位良师的熏陶下，他渐渐成熟，后来发展到自己生产和组装电脑。

这个孩子职业生涯的成功，说明了一个简单，却常常被忽视的道理：最好的老师，有时胜过优厚的薪水。

提高职场生存能力的法则

在职场竞争激烈的今天，为什么有人能平步青云，有人却郁郁不得志？

答案只有一个，在职场上平步青云的人懂得职场生存法则，也就是人们常说的"职商"。

作为大学生，要想在职场上有所成就，必须清醒地认识到高智商并不等于高"职商"。每一个职业人都要不断思考和学习才能掌握自己职业发展的规律，才能提高自己的职场生存能力。

那么，怎样才能提高职场生存能力呢？如图9-2所示：

图9-2　提高职场生存能力的法则

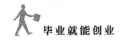

◆ **发掘个人独特技巧**

职场上第一法则就是要学会审视自我。激情澎湃、幽默风趣、冷静客观、工作高效、精益求精等等，先挖掘自我，找到自己的闪光点和长处，在工作中将其发扬光大，形成自己独特的优势技巧。你不可能在所有方面都齐头并进，而要找到自己不可替代的优势。这样，你才能成为公司里不可替代的人！

◆ **梳理公司内部关系**

除了审视自我外，你还要充分了解同事之间的关系，梳理脉络，明确自己的定位。在职场上，不能盲目站队，而是要选择对自己工作有利的团体。你得明确哪些人才是工作上能给你提供助力的真朋友。

◆ **学习领导思维模式**

"在其位，谋其政"是职场最基本的生存法则。"不在其位，必谋其政"才是一个人职业长久发展之道。学习领导的思维模式，让自己站在更高的地方去看待企业的发展，形成一种本能，未来自然不可限量。

◆ **热爱技术助益变革**

当今社会技术水平的高速发展，加剧着企业或是公司的变革。千万不要排斥新兴技术给企业带来的影响，而要热爱技术变革给企业带来的助益。越来越多的职场达人借助技术领先优势脱颖而出，这就是我们学习的榜样。

◆ **自我提升自我营销**

在职场上没有金饭碗、铁饭碗，职场前浪推后浪，前面有高手在冲刺，后面有天才在追赶。在如此严峻的就业形式下生存，必须加强学习、提高自身能力，是职场生存的重要法则。另外，也要学会自我表现、自我营销。不但要有能力，还要让别人知道你能胜任更好的工作。

最后我要告诉大家的是，无论你选择什么样的工作，跟谁一起工作，其目的就是把工作做到最好，在工作中体现自己的价值。你学到的任何知识，别人都拿不走。一个人的真本事不在于说，而在于去行动，用行动证明自己，这才是一个人气场的真正"来源"。与工作伙伴建立信任和默契，不是用隐忍或者强势说话，而是用工作能力和成绩说话。

就业后要学会的生活技能

有句话叫"活到老，学到老"。当我们走上就业的道路，虽然不再需要走进学校的课堂，不再有老师教你书上的知识，不再有考试，但是，这并不代表我们的学习之路就结束了。相反，你的人生大学刚刚开始，你必须不断学习，自我完善，增强工作技能，才能够在职场上生存。可以说，无论你是在工作中，还是在生活中，都是一个不断学习的过程！

一般来说，大学生就业后要学会的基本生活技能如图9-3所示：

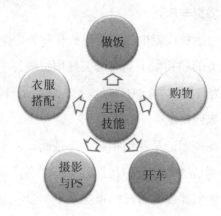

图9-3　大学生就业后要学会的基本生活技能

◆ **基本生活技能之做饭**

做饭看似简单，却很少有学生掌握这项技能。很多人认为，做饭一学就会，所以懒得去学。实际上，不管我们的生活环境是否需要自己做饭，但是学会做饭这个技能绝对是有必要的。做饭除了能让我们了解柴米油盐的生活，更贴近生活的同时，还是我们表达爱的一种方式。当自己累了，偶尔给自己做一顿大餐犒劳自己，或者孝顺自己的父母、给爱人一个惊喜等等，这都是善待自己、促进关系的最直接方式。

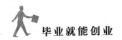

◆ 基本生活技能之会购物

很多人都会说，是个人都会买东西吧？我说的购物可不是那么简单，同样一件商品因为不同的时间就会出现不同的价格，同样的时间给不同的人也是不同的价格。所以，大学生在进入社会以后，一定要学会购物，买自己需要的东西，不盲目，不从众，不攀比。懂得用最合适的价钱买最适合自己的东西。从这点上来看，会购物，也是锻炼自己自律的一种方式。

◆ 发展技能之会开车

随着社会的不断发展，汽车对于人们的出行起到了越来越重要的作用，如果在大学学了驾驶是应该庆幸的，如果没有学会，那么你毕业走上社会后，一定要利用空余时间学习驾驶。学会开车，会更加方便自己的生活。

◆ 发展技能之会摄影与PS

不要仅仅局限于会手机或者电脑的简单操作软件，学会摄影与PS，这样你的出游就能够用最美的照片留下当时的美好回忆啦！不需要为拍出来的照片不尽人意而遗憾，为自己而学，为自己而拍，你就是最好的时光摄影师。

◆ 发展技能之会衣服搭配

形象价值非常重要。无论是我们相亲，还是面试，或者见客户，你的形象就是你的名片。特别是进入社会的我们已经不能再像以前那样，按照自己的喜好来穿衣搭配。我们要提高自己的审美水平，学习色彩搭配，以及不同场合下我们该穿什么样的衣服。这样穿衣打扮不仅得体，而且也是个人魅力的体现，同时还是尊重对方的表现。

与自己相关的技能，每个人都应该自己可以去学习，以改善自己的生活。提高自己的认知与品位的知识需要去学习，无法一一列举。

2. 培养生存意识和能力的素质训练

理念和目的

我们都知道，一个人只有超越自我，才会达到梦想的彼岸。这个道理人人都懂，谁都想达到，却总有可遇而不可求之感。当你凝神面对自我，寻求极限、挑战极限时，在极静与极动之间转换时，你会发现，超越自我原来变得如此自然。生存训练是一项旨在提升参与者核心价值的训练过程，通过训练能够有效地拓展大家的潜能，提升和强化个人心理素质，增强大学生的生存意识和生存能力。

【理念支持】

① 激发潜能，在表现自身的同时，转变观念，形成共识，提高创造力。

② 物竞天择，适者生存。

③ 若要如何，全凭自己。

④ 真正的生存来源于真正的体验！

【训练目的】

① 让大学生亲身体验挑战极限的乐趣。

② 让大学生养成会吃苦、能吃苦的好习惯。

③ 让大学生养成坚持不懈、直到成功的精神。

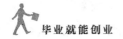

④ 帮助大学生建立生存意识和锻炼生存能力。

实践证明，对大学生进行一定的生存意识和生存技能训练和教育，会使其生活自理能力和心理素质都有不同程度的提升。加强生存教育，对于学生学会生存实在是十分必要。为了孩子成人、成才，学校和社会都应该加强生存技能的教育。

富翁和渔夫

我们每个人每天做得最多的事情就是选择，从早上起床选择穿什么衣服、吃什么早点到选择人生梦想。可以说，人的一生是用很多很多的选择累积起来的，选择决定着我们的生活品质、人生价值，选择就是命运。

从某种角度来说，我们究竟会成为什么样的人，决定权在我们自己。所以，你若想选择拥有成功的人生，那么，你需要为成功人生付出与之匹配的代价。

下面这个小故事，是对选择最好的诠释：

富翁在海滨度假，看到了一个渔夫正悠闲地躺在沙滩上晒太阳，享受着温暖的日光浴。

千万富翁就看不过眼了，于是走过去对渔夫说："你在这里晒太阳，怎么不去捕鱼呢？我告诉你如何成为富翁和享受生活的真谛吧！"

渔夫这样回答说："你有什么高见，我洗耳恭听。"

千万富翁说："首先，你需要每天多花些时间去捕更多的鱼，多赚些钱雇几个帮手增加产量，这样才能增加利润。"

"那之后呢？"渔夫问。

"之后你可以买条更大的船，打更多的鱼，赚更多的钱。"

"再之后呢？再买几条船，搞一个捕捞公司，再投资一家水产品加工厂。"

"然后呢？"

"然后把公司上市，用圈来的钱再去投资房地产，如此一来，你就会和我一样，成为千万富翁了。"

"成为千万富翁之后呢？"渔夫好像对这一结果没有足够的认识。

富翁略加思考说："成为千万富翁，你就可以像我一样到海滨度假，晒晒太阳，钓钓鱼，享受日光浴了。"

"噢，原来如此。"渔夫似有所悟地说："我现在不就是在晒晒太阳，钓钓鱼，享受日光浴吗？"

有人认为人生就该是平平淡淡的，像渔夫一样，而有人则认为人生目的不重要，过程更为重要。你选择怎样的人生呢？

表面看，渔夫放弃追求，轻松地享受到了"海风和阳光"，而富翁打拼一生，才得到渔夫的快乐。但是，富翁和渔夫的心境怎么会一样呢？我们暂且不谈渔夫没有抵抗风险的能力，仅从人生的经历来看，两个人完全不同，渔夫听过纳斯达克的钟声吗？经历过华尔街的风云吗？他从来没有经历过生意场上惊心动魄的搏杀，从来没有过在绝望之际起死回生的惊喜，从来没有过失败后的重新站起，从来没有过跟部下庆祝成功和分享成果的经历，他的心灵体验怎么会跟富翁一样呢？有这些人生的体会才不枉此生。如果人生忽略过程，每个人从出生就直奔死亡，活着还有什么意义？生命有4个纬度，不只有长度，还有宽度、深度、高度。不停地尝试、努力、折腾、奋斗，本质上就是给被局限了长度的生命增加宽度、深度、高度。奋斗带给你的乐趣、人生体验和幸福感，才是人生精彩的华美篇章。

故事中渔夫的生活恰巧与富翁奋斗一生的结果相似：钓鱼，晒太阳，而渔夫一直守在小渔村没有出去看看世界，他真的会感受、喜欢、珍惜这里的宁静美好吗？同样的小渔村，同样的晒太阳打瞌睡，比较与选择之后是美与享受，而没有比较没有选择就只是一种平常。

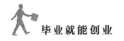

当老虎来临时

在现代社会，竞争日益激烈，无论从事何种职业，人们都会有危机感。许多人因为压力而焦虑不安，许多人因为压力而日日奔波，许多人甚至在压力下即将崩溃。然而，如果没有竞争和压力，生活变得舒适无比，我们或许感觉不到幸福，反而会越来越退步。真的很累吗？累就对了。

当我们失去危机感，就会失去事业和生活的重量感，进而满足现状，不思进取，不敢开拓和冒险。正如孟子所说："生于忧患，死于安乐。"

有两个人在森林里，遇到一只大老虎。A赶紧从背后取下一双更轻便的运动鞋换上。B急死了，骂道："你干嘛呢，再换鞋也跑不过老虎啊！"

A说："我只要跑得比你快就行了。"

这个故事告诉我们，在二十一世纪的今天，一个人没有危机感才是最大的危机。当今社会没有什么行业是非常稳定和有保障的，都会面临许多的变数。当更多的老虎来临时，我们要想不被淘汰，就必须准备好可以奔跑的力量，而不是一双精美的跑鞋。

游戏演练：孤岛求生

游戏名称：孤岛求生。

最适人数：全体学员。

游戏道具：无。

游戏规则：把团队分成三组，分别安排在"珍珠岛"、"哑人岛"、"盲人岛"三个岛屿。待三个岛上的人就位后，给每个岛上发一份任务书，要求在规定时间内完成任务书上规定的任务。

① "哑人岛"上有两块木板，上面的人不能说话。

② "盲人岛"上的人双眼被蒙，看不到任何东西。

③ "珍珠岛"上的人是正常人，没有限制条件。

操作方式：

步骤1：将队伍带到操场中央。

步骤2：由教官宣讲规则。

步骤3：由教官将学员分成三个不同的组。

步骤4：向不同的组派发任务，"珍珠岛"组利用工具使鸡蛋从高处落下不碎；"哑人岛"组将所有人集中到"珍珠岛"；"盲人岛"组将一个球投入水中的一个桶中。

步骤5：监督学员完成指定的任务。

步骤6：进行训练总结并宣布训练结束。

游戏重点：

① 告诉同学们生存意识的意义和作用。

② 突破思维定势，培养创新与风险意识。

安全措施：

认真观察每个训练细节，以防有安全事故发生。

【训练步骤】（略）

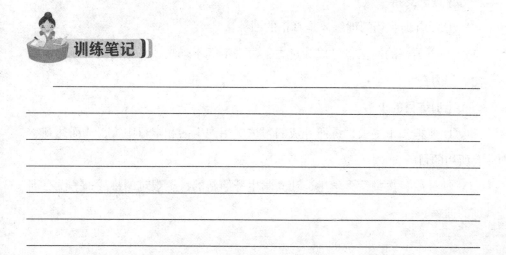

训练笔记

_____

_____

_____

_____

_____

_____

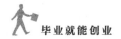
3. 结营：什么样的训练才是真正的训练

理念和目的

二十一天的训练即将结束，这二十一天的训练时光带给大家欢声笑语的同时，也带给大家喜怒哀乐。今天，我们就要回到现实学习和生活中去，相信每位学员经过二十一天的训练后，将会发生完美的蜕变。就让我们记住这一段不平凡而又美好的日子吧，带着新的希望和动力去挑战新的生活，为了美好的明天而奋斗！

【理念支持】

① 没有训练场的训练才是真正的训练！

② 再美好的回忆也已成为过去，过去不等于未来，真正的明天还要靠我们去努力奋斗！

【训练目的】

① 要把二十一天训练所养成的习惯应用到生活和学习中去，从而达到学有所用的目的。

② 最后一次鞭策大学生，让大学生开始新的、更艰难的挑战——没有训练的训练。

坚定信念，迈向成功

有一种东西，有的人一辈子都没有，一旦拥有它，你永远不会退缩，眼前的困难简直就是微乎其微。如今80%~90%的人都没有这个。这个到底是什么呢？

答案就是信念。一个有信念的人，就好比背负着使命。也就是说，有了信念，无论你这一生遇到多大的困难和挫折，都不会放弃，并且依然坚持为之奋斗。

有一部美国电影《风雨哈佛路》，相信很多人都看过。故事情节大致是这样：

莉丝·默里出生在美国的贫民窟，父母酗酒吸毒，她和一些朋友流浪在城市的角落，生活的苦难似乎无穷无尽。随着慢慢成长，莉丝意识到只有读书方能改变自身命运，走出泥潭般的现况。她重返高中。无处安身的莉丝常在地铁站、走廊里学习、睡觉，她一边打工一边上学，凭借着她坚忍不拔的毅力、旺盛的求知欲和顽强的自律精神，莉丝创造了贫民窟的奇迹，她仅用两年就学完了原本四年的课程，并获得《纽约时报》一等奖学金，以优异的成绩进入哈佛大学。贫困并没有扼杀莉丝前进的信念，在她的人生里面，从不退缩的奋斗是永恒的主题。

这部电影传达给大家的就是"信念"，命运可以打败一个人，但是打不败人的意志。只要我们拥有坚强的意志，不丧失生活的希望，那么我们就可以改变命运。面对困难与挫折，如果我们像莉丝一样意志坚强，具有不向命运低头的信念，从而获得成功，实现自己生命的价值，享受真正的人生。

我们一定要相信，只要自己坚定信念，就没有人能够阻挡我们成功的道路。有志者事竟成！当我们找到自己使命的时候，一定不能轻言放弃。飞人乔丹说篮球是他生命的全部，他是这么说的，也是这么做的，他把篮球确立

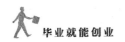

为人生志向之后，就用行动完成了他的志向。

世界上任何形式的成功，都是坚持到底的结果，当一个人拥有了一种不达目的不罢休的决心后，成功只是早晚的事情。

游戏演练：结营节目

游戏名称：结营节目。

最适人数：全体学员。

游戏道具：学员准备节目道具、结营证书（依毕业人数而定）。

游戏规则：

① 每个排准备1～2个节目（内容不限）；

② 以连为单位准备1～2个节目（内容不限）；

③ 颁发毕业证书过程中不得违反纪律。

操作方式：

步骤1：将队伍带到室内。

步骤2：按照计划由主持人主持并开场。

步骤3：按照计划进行毕业感悟和节目表演。

步骤3：按计划进行毕业证书颁发和表彰。

步骤4：宣布本期大学生习惯养成式素质训练营结营并祝福。

步骤5：结束。

游戏重点：

告诉同学们没有训练的训练才是真正的训练。

安全措施：

① 防止在表演节目过程中发生安全事故。

② 认真观察每个细节，防止发生安全事故。

【训练步骤】（略）

训练笔记

[附录]

自我激励训练资料

【自我激励一】

我渴望成功，我必须让自己充满自信。我唯有把握住当下，才能用实力迎接未来；我要每时每刻来强化成功信念，来规划向往的事业；我唯有追求卓越美好的人生，才能奔向灿烂的前程。

【自我激励二】

光明的太阳、伟大的祖国、亲爱的父母，今天，我又开始了挑战自我、追求卓越的新生活，我要用坚强的意志与信念，我决不会放弃心中的梦想。我要坚持每天进步1%，我不会辜负你们的恩赐与养育之恩。你们给我的智慧与力量，我一定要让你们看到我的蜕变，让你们为我的成长感到骄傲与自豪！

时刻告诉自己：

我要成功！我很优秀！我最坚强！

【自我激励三】

今天，我要开始新的生活。

今天，过往的一切都会成为回忆。

今天，我告诉自己：往事不回首，未来不将就！

今天，我要吞下每一粒成功的种子，让新生命在我心里萌芽。

我深知自己选择的道路既充满机遇，又充满辛酸与困难。但我已经做好

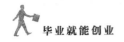

准备，失败不气馁，失败只会激发我奋斗的动力。我要满怀信心，拼尽全力用行动抵达梦想的彼岸。

我要养成良好的习惯，并且全心全意去实行。

今天，我开始新的生活。

我郑重地发誓，任何事情都不能阻挡我新生命的成长。我不会浪费一分一秒的时间，因为时光一去不返，失去的日子是无法弥补的。把握当下、珍惜当下、努力在当下。

今天，我要开始新的生活。

【自我激励四】

今天是美好的一天！It's a nice day!

今天是可爱的一天！It's a lovely day!

今天是精彩的一天！It's a wonderful day!

我是最好的！I'm the best!

我是最棒的！I'm the greatest!

我是第一名！I'm No.1!

我相信我可以成功！I'm sure I can make it!

我从来不怀疑自己！I never doubt myself!

没有什么可以阻挡我！Nothing can stand in my way!

我决定我的命运。I decide my fate.

【附加资料】学习英语的成功秘诀

要用最大的声音：不要怕丢脸，能讲多大声就讲多大声，正是因为我们不会讲才来学习，否则我们就不需要学习了。

要用最快的速度：能读多快就读多快，找出读英语的感觉。

要用最清晰的声音：尽量读清楚，不断地反复练习。

【自我激励五】

我要用全身心的爱来迎接今天。

强力能够劈开一块盾牌，甚至毁灭生命，但是只有爱才具有无与伦比的力量，使人们敞开心扉。爱是一切成功的最大秘密，没有人能抵挡它的威力。

我要用全身心的爱来迎接今天。

我赞美敌人，敌人于是成为朋友；我鼓励朋友，朋友于是成为手足。想要批评人时，咬住舌头；想要赞美人时，高声表达。爱是我打开人们心扉的钥匙，也是我抵挡仇恨之箭与愤怒之矛的盾牌。

我要用全身心的爱来迎接今天。

从今往后，仇恨将从我的血管中流走。我没有时间去恨，只有时间去爱。有了爱，即使才疏智短，也能获得成功；如果没有爱，即使博学多识，也终将失败。

我要用全身心的爱来迎接今天。

我爱我的父母，我爱我的兄弟姐妹，我爱我的亲戚朋友，我爱我的老师同学，我要经常告诉他们"我爱你"这三个字，并且用行动来证明。

我要用全身心的爱来迎接今天。

【自我激励六】

弟子规之入则孝

父母呼	应勿缓	父母命	行勿懒
父母教	须敬听	父母责	须顺承
冬则温	夏则清	晨则省	昏则定
出必告	反必面	居有常	业无变
事虽小	勿擅为	苟擅为	子道亏
物虽小	勿私藏	苟私藏	亲心伤
亲所好	力为具	亲所恶	谨为去

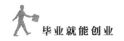

身有伤	贻亲忧	德有伤	贻亲羞
亲爱我	孝何难	亲憎我	孝方贤
亲有过	谏使更	怡吾色	柔吾声
谏不入	悦复谏	号泣随	挞无怨
亲有疾	药先尝	昼夜侍	不离床
丧三年	常悲咽	居处变	酒肉绝
丧尽礼	祭尽诚	事死者	如事生

【自我激励七】

我是自然界最伟大的奇迹。

自从宇宙衍生天地万物以来，没有一个人和我一样，我是独一无二的奇迹。

我是自然界最伟大的奇迹。

我的潜能无穷无尽，只要我不断开发就能超过以往的任何成就。我不再因昨日的成绩沾沾自喜，也不会为微不足道的成绩自吹自擂，我能做的一定要比已经完成的更好。

我是自然界最伟大的奇迹。

我不是随意来到这个世上的。从今往后，我要竭尽全力成为群峰之颠，将我的潜能发挥到最大限度。

我是自然界最伟大的奇迹。

飞禽走兽、花草树木、风雨山石、河流湖泊，都没有像我一样的起源，我孕育在爱中，肩负使命而生。过去我忽略了这个事实，从今往后，它将塑造我的性格，引导我的人生。

我是自然界最伟大的奇迹！

【自我激励八】

今天我要加倍重视自己的价值。

一颗麦粒有着三种不同的命运。一种可以制成饲料去喂养禽畜；一种可以磨成面粉供养人类；还有一种是作为良种播散在沃土里，直到千百颗麦粒嵌满金黄色的麦穗。我的命运不同于麦粒，因为我有选择的自由。

今天我要加倍重视自己的价值。

我该如何做呢？首先我要为自己的一生确立目标，正像种子需要雨水的滋润才能破土和成长一样，我的生命必须有目标的引导才能充实和辉煌。在制定目标时我要牢记"取法乎上得其中""取法乎中得其下"的深刻道理。

今天我要加倍重视自己的价值。

高远的目标不会让我望而生畏，尽管在达到目标前可能屡受挫折。摔倒了，再爬起来，如果没有幼儿时的摔爬，怎会有今天的丰满与矫健。今天，我要向世人公布我的梦想，宣告我的目标，我要成为自己命运的预言家和实践家。

【自我激励九】

三字经

人之初	性本善	性相近	习相远
苟不教	性乃迁	教之道	贵以专
昔孟母	择邻处	子不学	断机杼
窦燕山	有义方	教五子	名俱扬
养不教	父之过	教不严	师之惰
子不学	非所宜	幼不学	老何为
玉不琢	不成器	人不学	不知义
为人子	方少时	亲师友	习礼仪

【自我激励十】

今天是美好的一天。

生命只有一次，我若让今天的时光白白流逝，就等于毁掉了人生中最美好的一页。因此，我珍惜今天的一分一秒，因为它们一旦逝去将永不再返。我无法把今天存入银行，明天再来支取；我无法让时间止步，等待我的觉醒；我深知它的珍贵，因为垂死的人无论用其多少财富，都无法换得一口生气。时间在平庸者面前没有价值，时间在我的面前价值无量。

今天是精彩的一天。

我憎恨所有浪费时间的行为，我要养成管理时间的习惯，我深知生命就是时间的描述。我要用真诚埋葬怀疑，用信心驱逐恐惧；我不听失意者的牢骚，不与游手好闲者为伍；我要设计今天的时光，让它成为我生命中的最精彩时刻。

今天是宝贵的一天。

我不为昨日的不幸而叹息，因为时光不会倒流，我没有机会去抚平昨日的创伤；我要做的是埋葬逝去的昨日，珍爱宝贵的今天，设计美好的明天。

【附加资料】

珍惜时间：

在今天和明天之间，有一段很长的时间；趁你还有精神的时候，学习迅速办事。——歌德

时间是组成生命的元素，人生中最重要的时间就是此时此刻。

【自我激励十一】

成功者必须养成的二十一个良好习惯

诸事中要事第一，思考中心态第一，学习中效率第一；

每天要勤奋自勉，每日要计划学习，每晚要自悟反省；

大事要从容不迫，小事要一丝不苟，难事要换位思考；

见人要真诚微笑，做事要热情主动，有过要勇于修正；

走路要大步流星，坐立要气质有佳，协作需双赢思维；

枯燥时制造快乐，疲劳时学会放松，闲暇里勿忘惜时；

一生需珍爱身心，平时要赞美别人，时刻要把握自己。

【自我激励十二】

今天我要学会控制情绪。

我怎样才能控制情绪，让每天充满幸福和欢乐？弱者任思绪控制行为，

强者让行为控制思绪，我要领会这个千古秘诀。

沮丧时，我引吭高歌；悲伤时，我开怀大笑；恐惧时，我勇往直前；

自卑时，我换上新装；不安时，我提高嗓音；穷困时，我想象富有。

自高自大时，我要追寻失败的记忆；洋洋得意时，我要想想竞争对手；

沾沾自喜时，我要回忆忍辱的时刻；自以为是时，我看能否让风止步！

今天我要学会控制情绪。

我宽容怒气冲冲的人，因为他尚未懂得控制自己的情绪，我坚信明天他也会改变。我不再只凭一面之交来判断一个人，也不再因一时的怨恨与人绝交。今天我庆幸领悟了人类情绪变化的奥秘，从此我对自己千变万化的个性不再听之任之，我知道，只有积极主动地控制情绪，才能掌握自己的命运。我控制自己的命运，我成为自己的主人，我由此而变得伟大。

【自我激励十三】

坚持不懈，直到成功！

我不是为了失败才来到这个世界上的，我不想听失意者的哭泣、抱怨者的牢骚，这是羊群中的瘟疫，我不能被它传染。我是猛狮，不与羊群为伍。失败者的屠宰场不是我命运的归宿。

坚持不懈，直到成功！

我不知道要走多少步才能达到目标，但我深信滴水穿石和每天进步1%的神奇道理，只要持之以恒，世上无事不能为！

坚持不懈，直到成功！

从今往后我必须用积极的心态、坚强的意志和辛勤的汗水去培育成功的习惯，因为它最终将决定我的命运。

今天，我开始新的生活。

今天，我重新来到这个世上。

今天，我要吞下每一粒成功的种子。

今天，是我此生最美好的一天！因为我沐浴在霞光四射的朝阳中。

【自我激励十四】

美国西点军校的二十二条军规

一、无条件执行；　二、工作无借口；

三、细节决定成败；　四、以上司为榜样；

五、荣誉原则；　六、受人欢迎；

七、善于合作；　八、团队精神；

九、只有第一；　十、敢于冒险；

十一、火一般的精神；　十二、不断提升自己；

十三、勇敢者的游戏；　十四、全力以赴；

十五、尽职尽责；　十六、没有不可能；

十七、永不放弃；　十八、敬业为魂；

十九、为自己奋斗；　二十、理念至上；

二十一、自动自发；　二十二、立即行动。

【附加资料】

提升生命的八把钥匙——让生命发光

珍惜应该珍惜的，珍惜我们所爱的人
和爱我们的人。

感谢应该感谢的，自私的心是封闭
的，感恩的心是打开的。

发现应该发现的，发现机会，发现
自己。

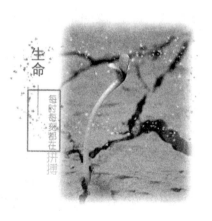

把握应该把握的，把握机会，把握
自己。

原谅应该原谅的，原谅别人，原谅自己。

忘记应该忘记的，昨天已成为历史，只有今天才是新生活的开始。

发泄应该发泄的，"男儿有泪不轻弹"是错误的说法。

接受应该接受的鲜花，掌声本就是你应该得到的荣誉和奖励。